예수, 이야기

(주)죠이북스는 그리스도를 대신한 사신으로
문서를 통한 지상 명령 성취와 하나님 나라 확장을 위해 노력합니다.

예수, 이야기
© 2013 죠이선교회

이 책의 저작권은 저자와 (주)죠이북스에 있습니다. 신 저작권법에 의하여 한국 내에서 보호받는 저작물이므로 무단 전재와 무단 복제를 금합니다.

예수, 이야기

인도자를 위한 일러두기

1. 이 책은 제자 훈련 첫 번째 단계를 위한 성경 공부 교재입니다. 제자 훈련에 입문하는 사람들에게 복음을 전하고 예수를 영접하게 하는 것이 이 단계의 목표입니다. 따라서 제자 훈련이 아닌 전도 성경 공부 교재로도 사용하실 수 있습니다.

2. 이 교재의 이름은 《예수, 이야기》입니다. 교리보다는 예수를, 명제보다는 이야기 방식으로 복음을 전한다는 특징을 나타낸 것입니다. 시중에 나와 있는 전도 성경 공부 교재 대부분은 교리를 중심으로 명제적으로 복음을 설명합니다. 하지만 기독교는 엄밀히 말하면 명제적 진리가 아니라 인격적 진리이며 교리를 믿는 것이 아니라 예수를 믿는 종교입니다. 즉 예수의 십자가와 부활 사실(교리)을 믿어 구원을 얻는 것이 아니라, 십자가와 부활의 예수(존재)를 믿어 구원을 얻는 것입니다. 따라서 본 교재는 복음이신 예수를 이야기 방식으로 전하고자 노력했습니다.

3. 이 교재는 청년·대학생을 주 대상으로 삼고 집필되었습니다. 시중에 나와 있는 전도 성경 공부 교재는 보통 교리 문답 방식으로 구성되어 있습니다. 즉 교리 질문을 하고, 답이 될 수 있는 성경 한두 구절을 찾은 후 긴 설명을 하는 방식입니다. 하지만 우리가 현장에서 만나는 청년·대학생들은 논리적 사고보다 경험을 더욱 중요시하고, 명제적 진리보다는 이야기에 반응하는 새로운 세대입니다. 따라서 본 교재는 이야기로 되어 있는 성경 구절을 충분히 살펴보고 성경에 등장하는 인물들과 같이 호흡하며 그 속에서 예수를 만나도록 초청하는 방식으로 되어 있습니다.

4. 이 교재는 일 대 일 혹은 소그룹(3-4명)에 적합합니다. 일 대 일은 깊은 이야기를 나눌 수 있다는 장점이 있고, 소그룹은 다양한 이야기를 나눌 수 있다는 장점이 있습니다. 일 대 일일 경우 40분, 소그룹일 경우 한 시간 정도 소요됩니다.

5. 이 교재는 다음과 같이 구성되어 있습니다.

think

동영상 보기 : QR코드를 스마트폰으로 인식시키면 주제와 관련된 영상이 나옵니다. 영상을 시청한 후 QR코드 아래 질문을 읽고 생각(느낌)을 서로 이야기하면 됩니다. QR코드 리더가 없을 경우 http://joyinstitute.tistory.com/44 에서 링크를 클릭하여 동영상을 볼 수 있습니다.

story

스토리 읽기 : 이 이야기는 성경을 이해하기 쉽도록 집필진에서 자체적으로 각색한 것입니다. 이야기를 읽으면 본문의 배경을 이해하는 데 도움이 됩니다. 이어서 나오는 성경 본문은 성경에 익숙하지 않은 분들을 위해 좀 더 일상 언어에 가까운 새번역 버전을 사용했습니다.

talk

성경 토크 : 이제 성경 본문 속으로 들어가 성경 인물들과 함께 느끼고 반응하면 됩니다. 수록되어 있는 질문이 도움이 될 것입니다. 질문에 답하며 진솔한 대화를 나누어 보십시오.

6. 인도자를 위한 교안을 준비 중입니다. 자세한 사항은 죠이선교회출판부로 문의해 주십시오. (joypress@chol.com | 02-925-0451)

죠이선교회가 《예수, 이야기》를 펴냅니다

죠이선교회는 1958년 7명의 대학생으로 시작된 복음주의 선교단체입니다.
당시에는 그 작은 모임이 50년을 훌쩍 넘는 긴 이야기, 사람과 공동체와 사건이 어우러진 풍성한 이야기가 될 줄 아무도 상상하지 못했을 것입니다. 등장하는 사람도 다르고 시대도 다르고 모습도 다르지만 그 이야기의 제목을 붙여 본다면 죠이, 기쁨일 것입니다. 예수님을 첫째로, 이웃을 둘째로, 그리고 자신을 마지막으로 두는 기쁨 말입니다.
Jesus 1st, Others 2nd, You 3rd... spell JOY.

죠이선교회가《예수, 이야기》를 펴냅니다.
이 작은 교재 안에는 지난 오랜 세월 동안 예수님을 통해 새로운 생명, 새로운 존재로 탄생한 사람들의 이야기가 담겨 있습니다. 글자 하나, 단어 하나, 문장 하나, 심지어 여백에도 놀라운 이야기가 배어 있습니다. 조금만 주의를 기울인다면, 또 조금만 마음을 연다면 그 이야기가 바로 나의 이야기, 나를 위한 이야기임을 느끼게 될 것입니다.
새로운 시대에 어떻게 이 이야기를 전해 줄 수 있을까? 많이 찾아 헤맸습니다. 많은 시행착오와 실패도 겪었습니다. 쉽지 않은 시간이었지만 고민이 깊어질수록 한 가지는 더 또렷해졌습니다. 여러분을《예수, 이야기》의 주인공으로 만들고 싶다는 소망이 바로 그것입니다. 예수님을 통해 시작된 이야기에 여러분을 초대하고, 여러분으로부터 시작된 또 다른《예수, 이야기》를 보고, 듣고, 참여하는 것이 우리의 바람입니다.
이제 우리가 사랑하고 또 자랑하고픈 예수님에 관한 이야기를 시작합니다.
또한 여러분이 주인공이 되어 또 다른《예수, 이야기》를 시작할 차례입니다.

2013년 8월
제기동 죠이휴먼스테이션에서
죠이선교회 대표 이 윤 복

차례

1st Story, 경쟁 _____ **8**
38년 된 병자의 소원

2nd Story, 거절 _____ **16**
사마리아 여자의 목마름

3rd Story, 거듭남 _____ **24**
니고데모의 구도

4th Story, 이탈 _____ **30**
에덴 동산의 선악과

5th Story, 교환 _____ **38**
해골 언덕의 십자가

6th Story, 변화 _____ **46**
엠마오로의 동행

7th Story, 영접 _____ **54**
삭개오의 결단

8th Story, 계약 _____ **62**
하나님의 백성

01

첫 번째 이야기, 경쟁

story 38년 된 병자의 소원

오늘따라 연못으로 가는 길이 복잡하다. 평소보다 사람이 훨씬 많아진 것 같다. 하긴 명절이 며칠 남지 않았으니 얼마나 많은 이들이 예루살렘으로 몰려들었겠는가? 또, 용하다고 소문난 연못이니만큼 저마다 한둘씩 아픈 환자를 데리고 오지 않았겠는가? 앞 못 보는 사람, 다리를 저는 사람, 중풍에 걸려 반신불수가 된 사람, 터지고 상한 사람들이 앞서거니 뒤서거니 거친 호흡을 몰아쉬며 앞으로 앞으로 나아가고 있다.

마침 '양의 문'으로 쏟아져 들어온 짐승들과 뒤엉켜 베드자다 연못으로 가는 길은 아수라장이 되고 만다. 모두 명절에 제물로 바쳐질 건강하고 흠 없는 짐승들이다. 우습지 않은가? 또 웃음이 날 정도로 슬프지 않은가? 세상에서 가장 건강한 짐승들과 가장 병든 사람들이 한데 뒤섞여 있는 모습이. 살아 보겠다는 염원으로 가득한 그 길에 죽을 운명들이 한데 뒤섞여 서로 밀치고 고함치고 또 분노하며 뒤처지지 않기 위해 다투어 나아가는 모습이 말이다. 이것이 진실일지 모른다. 이것이 우리 운명의 진짜 모습일지 모른다.

이 길이 닿아 있는 베드자다는 주랑 다섯 채가 갖춰진 있는 연못이다. 이곳의 물은 치료에 효과가 있다고 소문이 돌았다. 변변한 치료 수단이 없던 시절이기에 병자들이 이곳으로 몰려드는 것은 당연한 일이다. 가끔 연못의 물이 부글거리며 끓어오르는 현상을 보일 때가 있는데 사람들은 그것이 천사의 역

+
많은 사람이 우리 시대를 무한 경쟁의 시대라고 말합니다. 당신은 이 주장에 동의하십니까? 만약 동의한다면 이 경쟁에서 살아남고 싶습니까 아니면 탈출하고 싶습니까?

사라고 생각했다. 자신들을 치료하기 위한 하나님의 자비라고 여긴 것이다. 그리고 물이 끓기 시작할 때 가장 먼저 연못에 들어가는 사람은 어떤 병에 걸렸든지 다 낫는다는 소문도 돌았다. 물이 움직일 기미라도 보이면 사람들은 "천사가 임했다! 물이 끓어오른다!" 하고 외치며 아픈 몸을 이끌고 필사적으로 남보다 먼저 물에 들어가려고 발버둥 쳤다. 그럴 때면, 환자들의 힘없는 신음소리만 들리던 베드자다의 주랑이 금세 고함과 욕설, 비명으로 가득 찬 아수라장으로 돌변했다. 방금 전까지 서로의 아픔에 공감하며 슬픈 이야기를 주고받던 친구가 어느새 경쟁자가 되었다. 그가 나보다 먼저 물에 들어갈 수도 있다! 어떻게든 내가 이겨야 한다. 조금이라도 망설였다간 이 지옥 같은 운명에서 벗어날 수 있는 유일한 기회가 남의 차지가 된다!

이런 혼란 속에서 정말 천사가 내려왔는지, 누가 먼저 물에 들어갔는지, 그의 병이 진짜 나았는지 확인하는 일은 도저히 불가능했다. 한바탕 소동이 벌어지고 난 베드자다 주랑에는 고통스런 비명, 도움을 청하는 외침, 서러운 흐느낌만이 남아 있었다. 그리고 이 위로 절망, 어쩌면 마지막일지도 모르는 기회를 놓쳤다는 절망과 이기적인 본능만 남아버린 초라한 자신에 대한 실망이 무겁게 내려앉았다. 이들에게 베드자다는 유일한 기회일지 모르지만 어쩌면 사실은 자아의 무덤일지도 모르겠다. 연못으로 오는 길 위에서 만난 풍경은 그래서 이곳 연못의 모습과 소름끼치도록 닮아 있다.

그가 눈에 들어온다. 전혀 몸을 가눌 수 없어 늘 들것에 실려 다른 이의 도움을 받아 이곳에 오는 사람이다. 38년이란 세월 동안 병을 앓고 있는 사람이다. 38년……. 긴 병에 효자 없고 친구 없다고 했던가? 가족으로 보이는 사람들은 들것을 내려놓고 한두 마디 말을 건네곤 바쁘게 사라져 간다. 그는 겨우 고개를 움직여 침상의 자리를 확인하고는 깊은 한숨을 쉰다. 하늘에 수많은 천군천사가 지켜보고 있어도, 또 베드자다의 물이 끓어올라 치유의 역사가 일어난다 해도 손가락 하나 움직일 수 없는 그에게 그 기적은 그림의 떡일 뿐이다. 종일 수많은 사람이 오고가지만, 그에게 관심을 보이는 사람은 아무도 없다. 연못의 물이 움직일 때 그가 제일 먼저 들어가 병이 나을 가능성은 누가 보아도, 없다. 그 자신조차 그런 기대는 없을 것이다. 하지만 불가능한, 염치가 없을 정도로 불가능한 소망을 갖는 것이 인생, 그리고 생명 아니겠는가? 그가 하루도 거르지 않고 그 자리를 지킨 것을 이것 말고 달리 설명할 길은 없을 것이다. 늘 그랬던 것처럼 38년 된 병자는 자리에 누운 채 하루를 마감할 것이다.

요한복음 5장 1-18절(새번역)

1 그 뒤에 유대 사람의 명절이 되어서, 예수께서 예루살렘으로 올라가셨다.
2 예루살렘에 있는 '양의 문' 곁에, 히브리 말로 베드자다라는 못이 있는데, 거기에는 주랑이 다섯 있었다.
3 이 주랑 안에는 많은 환자들, 곧 눈먼 사람들과 다리 저는 사람들과 중풍병자들이 누워 있었다. [그들은 물이 움직이기를 기다리고 있었다.
4 주님의 천사가 때때로 못에 내려와 물을 휘저어 놓는데 물이 움직인 뒤에 맨 먼저 들어가는 사람은 무슨 병에 걸렸든지 나았기 때문이다.]
5 거기에는 서른여덟 해가 된 병자 한 사람이 있었다.
6 예수께서 누워 있는 그 사람을 보시고, 또 이미 오랜 세월을 그렇게 보내고 있는 것을 아시고는 물으셨다. "낫고 싶으냐?"
7 그 병자가 대답하였다. "주님, 물이 움직일 때에, 나를 들어서 못에다가 넣어 주는 사람이 없습니다. 내가 가는 동안에, 남들이 나보다 먼저 못에 들어갑니다."
8 예수께서 그에게 말씀하셨다. "일어나서 네 자리를 걷어 가지고 걸어가거라."
9 그 사람은 곧 나아서, 자리를 걷어 가지고 걸어갔다. 그 날은 안식일이었다.
10 그래서 유대 사람들은 병이 나은 사람에게 말하였다. "오늘은 안식일이니, 자리를 들고 가는 것은 옳지 않소."
11 그 사람이 대답하였다. "나를 낫게 해주신 분이 나더러, '네 자리를 걷어 가지고 걸어가거라' 하셨소."
12 유대 사람들이 물었다. "그대에게 자리를 걷어 가지고 걸어가라고 말한 사람이 누구요?"
13 그런데 병 나은 사람은, 자기를 고쳐 주신 분이 누구인지를 알지 못하였다. 거기에는 사람들이 많이 붐비었고, 예수께서는 그곳을 빠져나가셨기 때문이다.
14 그 뒤에 예수께서 성전에서 그 사람을 만나서 말씀하셨다. "보아라. 네가 말끔히 나았다. 다시는 죄를 짓지 말아라. 그리하여 더 나쁜 일이 너에게 생기지 않도록 하여라."
15 그 사람은 가서, 자기를 낫게 하여 주신 분이 예수라고 유대 사람들에게 말하였다.
16 그 일로 유대 사람들은, 예수께서 안식일에 그러한 일을 하신다고 해서, 그를 박해하였다.
17 그러나 [예수]께서는 그들에게 말씀하셨다. "내 아버지께서 이제까지 일하고 계시니, 나도 일한다."
18 유대 사람들은 이 말씀 때문에 더욱더 예수를 죽이려고 하였다. 그것은, 예수께서 안식일을 범하셨을 뿐만 아니라, 하나님을 자기 아버지라고 불러서, 자기를 하나님과 동등한 위치에 놓으셨기 때문이다.

talk 성경 속으로

1 베드자다(베데스다) 못 주랑 안에 누워 있던 38년 된 병자의 감정은 무엇이겠습니까?(2-5절) 주된 감정 3-5가지를 체크하고 이야기해 보십시오.

☐ 절망   ☐ 좌절감   ☐ 자살 충동
☐ 살고 싶다는 욕망 ☐ 이기고 싶은 마음 ☐ 분노
☐ 비교의식   ☐ 미움   ☐ 사람들에 대한 혐오감
☐ 배신감   ☐ 지긋지긋함   ☐ 이기심
☐ 원망   ☐ 외로움   ☐ 두려움
☐ 시기   ☐ 수치감   ☐ 기타(   )

2 예수께서 그 사람에게 다가가서 "낫고 싶으냐?" 물어보셨을 때 그의 대답은 무엇이었습니까?(6-7절) 이 대답은 적절한 것이었습니까?

3 정말 바라고 원하는 바(desire)가 아닌, 당장의 목표(goal)를 이루기 위해 승자 없는 무한 경쟁에 동참하고 있는 이 사람의 모습이 혹시 오늘 우리의 모습은 아닙니까? 이 병자를 포함해 베드자다 연못 주랑에 모여 있던 사람들과 현대의 우리들을 비교해 보십시오.

4 당신이 추구하고 있는 목표는 무엇이고 소원은 무엇입니까? 당신의 소원은 시간이 지나도 여전히 가치를 지니는 것입니까?

5 다시 8-9절을 읽어 보십시오. 예수는 병자의 소원이 무엇인지 그 자신보다 더 잘 파악하고 있는 분이었습니다. 그뿐 아니라 병자의 소원을 성취시켜 주는 분이었습니다. 당신에게도 이와 같은 분이 찾아오신다면 어떻겠습니까?

10절 이하는 유대 사회의 안식일 규정과 연관하여 예수가 누군지 소개하고 있다. 예수가 병자를 치유해 준 날이 바로 안식일이었다. 그런데 안식일에 병자를 치유하는 행위는 유대 사회법상 금지되어 있다. 안식일 법, 즉 일을 하지 않고 쉬는 날 규정은 하나님의 명령에서 비롯되었다(출20:10). 하나님은 엿새 동안 세상을 창조하신 후에 일곱째 날을 복되게 하시며 안식하셨다. 이 규정은 원래 사람을 위한 명령이었다(막2:27). 안식일은 회복과 재충전의 시간이었다. 그래서 안식일에는 노예나 외국인, 심지어 가축에게도 일을 시키면 안 되었다. 하지만 유대 전통은 이 아름다운 규정을 안식일에 어떤 일도 해서는 안 된다는 딱딱한 법률로 만들어 버렸다. 그래서 안식일에는 병자를 고쳐서도, 가난한 사람이 밭에 남아 있는 이삭을 주워 가도 안 되었다. 예수는 왜곡된 안식일 정신을 바로잡기 위해 안식일에도 병자들을 치유하셨다. 당연히 유대 종교 지도자들은 예수의 이런 행동을 싫어했다. 그러나 예수는 생명을 살리는 것이 안식일 정신에 가장 부합하는 일임을 가르치시려고 박해받을 각오를 하신 것이다.

6 박해받을 각오를 하면서까지 38년 된 병자를 고쳐 준 예수의 동기는 무엇이었다고 생각합니까? 그는 스스로에 대해 어떤 정체성을 가지고 계십니까?(17-18절)

"나는 그 문이다. 누구든지 나를 통하여 들어오면 구원을 얻고, 드나들면서 꼴을 얻을 것이다. 도둑은 다만 훔치고 죽이고 파괴하려고 오는 것뿐이다. 나는, 양들이 생명을 얻고 또 더 넘치게 얻게 하려고 왔다."
(요한복음 10장 9-10절)

7 위의 성경 말씀 역시 예수의 선언입니다. 예수가 당신에게 생명을 얻게 하려고 왔다는 선언에 대해 당신은 어떻게 생각하십니까?

02

두 번째 이야기, 거절

story 사마리아 여자의 목마름

+ 어떤 사람이나 집단으로부터 부당한 대우나 거절을 당한 경험이 있습니까? 만약 있다면 그 경험은 나의 현재 생활에 어떠한 영향을 미치고 있습니까?

'첨벙!'

여자는 화들짝 놀라 정신을 차렸다. 두레박이 수면에 닿으며 내는 소리의 울림은 파장이 되어 가슴에 부딪혀 또 다른 울림을 만들어 낸다. 수천 년을 이어 온 우물은 그 깊이를 가늠하기 어렵다. 까마득한 저 아래 무엇이 있는지, 물은 정말 있는지도 알 수 없다. 하지만 두레박이 부딪히며 내는 '첨벙' 소리는 여전히 그 안에 물이 있음을, 여전히 마르지 않은 그 무엇이 있음을 증거한다. '아… 우물이 마르지 않았구나! 여전히 이 안에 물이 있구나! 아직 길어 올릴 무언가가 남아 있구나!' 매일 하는 일이지만 여자에게 이를 확인하는 것은 눈물 나도록 고마운 일이었다. 이 우물처럼 자신에게도 길어 올릴 무언가가 아직 남아 있을지 모른다는 소망을 갖는 유일한 순간이기 때문이다.

여자의 삶은 말 그대로 말라 버린 우물 같았다. 그가 살아온 세월을 한 마디로 표현한다면 그것은 바로 '거절' 일 것이다. 여성으로, 사마리아 민족으로, 그리고 다섯 번의 이혼으로, 그의 삶은 겹겹의 거절과 반감이 얽혀 엉망이 된 실타래 속에 갇혀 버렸다. 유대인들은 순수한 혈통 그 자체를 하나님이 선택한 백성의 증거로 여겼기 때문에, 역사의 비극으로 인해 다른 민족과 피가 섞인 사마리아인을 죄에 오염된, 태어날 때부터 부도덕한 존재로 취급했다. 유대인들은 사마리아인과 함께 예배하기를 거부하였고, 심지어 사마리아인과 이야기하거나 접

촉하는 것 자체를 부정하게 여겨 엄격히 금지하였다. 이러한 거절에 대한 반발로, 사마리아인들 역시 자기들만의 성전을 세우고 그곳에서 하나님께 예배를 드렸다. 유대인과 사마리아인 서로 간의 반목은 시간이 갈수록 커져만 갔다.

또한 수차례의 이혼은 이 여자를 더욱 메마르게 했다. 이 여자가 왜 다섯 번이나 결혼을 하고 또 이혼을 해야 했는지에 대해서는 알려진 바가 거의 없다. 하지만 남성 중심의 당시 사회상에 비추어 볼 때, 결혼과 이혼 과정에서 여자에게 부당한 차별이 있었던 것만은 분명하다. 수차례의 결혼과 이혼의 고단한 세월 동안 여자가 겪어야 했던 거절감과 상처는 우리의 상상으로 다 담을 수 없다. 반복되는 불행 속에서 그는 삶을 저주하며 점차 자신을 공격했을 것이다. 부모와 사회를 원망하며 자신의 삶을 스스로 망가뜨렸을지도 모른다. 이제는 젊은 시절 꿈꿔 왔던 아름다운 사랑의 환상을 다 내려놓고, 그저 사회적·경제적 이유와 정서적·육체적 외로움 때문에 아무 남자와 만나 동거하고 있는 것이다. 여자는 음란하고 부도덕한 사람이라는 비난도 이제 대수롭지 않게 넘긴다. 어차피 착하게 살아야겠다는 마음도 사라졌기 때문이다. 하나님도 자신을 받아 주지 않고 내치는 것 같은데, 착하게 살아서 무엇 하겠는가? 오히려 자신에게 손가락질 하는 사람들의 도덕 관념을 가볍게 무시하고 비웃으며 사는 편이 차라리 덜 초라하다.

'첨벙!'

내달리던 생각들에 반박이라도 하듯 변함없이 울려 마음에 닿는 이 소리는 포기할 수 없는 소망을 갖게 한다. '누군가 내 이야기에 귀 기울여 줄 거야. 그런 날이 올 거야. 사마리아인이라고, 이혼을 다섯 번이나 한 여자라고 조롱하거나 공격하거나 선입견을 갖지 않고 그저 있는 그대로 내 마음의 이야기에 귀 기울여 줄 그런 사람이 있을 거야.' 어쩌면 이 우물은 여자 자신일지 모른다. 타는 듯한 한낮의 더위에 사람 그림자조차 보이지 않는 그곳. 거절과 거부를 인증이라도 하듯 혼자 덩그러니 서게 되는 그곳. 하지만 그런 고립으로도 완전히 꺾이지 않는 소망을 다시금 확인하는 그곳. 바로 그곳에 유대인 선생 예수가 기다리고 있다.

요한복음 4장 5-30절 (새번역)

5 예수께서 사마리아에 있는 수가라는 마을에 이르셨다. 이 마을은 야곱이 아들 요셉에게 준 땅에서 가까운 곳이며,

6 야곱의 우물이 거기에 있었다. 예수께서 길을 가시다가, 피로하셔서 우물가에 앉으셨다. 때는 오정쯤이었다.

7 한 사마리아 여자가 물을 길으러 나왔다. 예수께서 그 여자에게 마실 물을 좀 달라고 말씀하셨다.

8 제자들은 먹을 것을 사러 동네에 들어가서, 그 자리에 없었다.

9 사마리아 여자가 예수께 말하였다. "선생님은 유대 사람인데, 어떻게 사마리아 여자인 나에게 물을 달라고 하십니까?" (유대 사람은 사마리아 사람과 상종하지 않기 때문이다.)

10 예수께서 그 여자에게 대답하셨다. "네가 하나님의 선물을 알고, 또 너에게 물을 달라는 사람이 누구인지를 알았더라면, 도리어 네가 그에게 청하였을 것이고, 그는 너에게 생수를 주었을 것이다."

11 여자가 말하였다. "선생님, 선생님에게는 두레박도 없고, 이 우물은 깊은데, 선생님은 어디에서 생수를 구하신다는 말입니까?

12 선생님이 우리 조상 야곱보다 더 위대하신 분이라는 말입니까? 그는 우리에게 이 우물을 주었고, 그와 그 자녀들과 그 가축까지, 다 이 우물의 물을 마셨습니다."

13 예수께서 말씀하셨다. "이 물을 마시는 사람은 다시 목마를 것이다.

14 그러나 내가 주는 물을 마시는 사람은, 영원히 목마르지 아니할 것이다. 내가 주는 물은, 그 사람 속에서, 영생에 이르게 하는 샘물이 될 것이다."

15 그 여자가 말하였다. "선생님, 그 물을 나에게 주셔서, 내가 목마르지도 않고, 또 물을 길으러 여기까지 나오지도 않게 해주십시오."

16 예수께서 그 여자에게 말씀하셨다. "가서, 네 남편을 불러 오너라."

17 그 여자가 대답하였다. "나에게는 남편이 없습니다." 예수께서 여자에게 말씀하셨다. "남편이 없다고 한 말이 옳다.

18 너에게는, 남편이 다섯이나 있었고, 지금 같이 살고 있는 남자도 네 남편이 아니니, 바로 말하였다."

19 여자가 말하였다. "선생님, 내가 보니, 선생님은 예언자이십니다.

20 우리 조상은 이 산에서 예배를 드렸는데, 선생님네 사람들은 예배드려야 할 곳이 예루살렘에 있다고 합니다."

21 예수께서 말씀하셨다. "여자여, 내 말을 믿어라. 너희가 아버지께, 이 산에서 예배를 드려야 한다거나, 예루살렘에서 예배를 드려야 한다거나, 하지 않을 때가 올 것이다.

22 너희는 너희가 알지 못하는 것을 예배하고, 우리는 우리가 아는 분을 예배한다. 구원

은 유대 사람들에게서 나기 때문이다.

23 참되게 예배를 드리는 사람들이 영과 진리로 아버지께 예배를 드릴 때가 온다. 지금이 바로 그 때이다. 아버지께서는 이렇게 예배를 드리는 사람들을 찾으신다.

24 하나님은 영이시다. 그러므로 하나님께 예배를 드리는 사람은 영과 진리로 예배를 드려야 한다."

25 여자가 예수께 말했다. "나는 그리스도라고 하는 메시아가 오실 것을 압니다. 그가 오시면, 우리에게 모든 것을 알려 주실 것입니다."

26 예수께서 말씀하셨다. "너에게 말하고 있는 내가 그다."

27 이 때에 제자들이 돌아와서, 예수께서 그 여자와 말씀을 나누시는 것을 보고 놀랐다. 그러나 예수께 "웬일이십니까?" 하거나, "어찌하여 이 여자와 말씀을 나누고 계십니까?" 하고 묻는 사람이 한 사람도 없었다.

28 그 여자는 물동이를 버려 두고 동네로 들어가서, 사람들에게 말하였다.

29 "내가 한 일을 모두 알아맞히신 분이 계십니다. 와서 보십시오. 그분이 그리스도가 아닐까요?"

30 사람들이 동네에서 나와서, 예수께로 갔다.

성경 속으로

1 당신이 이 여자라면, 어떤 감정을 주로 품고 어떤 말을 입에 달고 살겠습니까? 상상해 보십시오.

☐ (한) 내가 죽지 못해 산다... 망할 놈의 세상!
☐ (분노) 남자들은 다 똑같아... 돼지 같은 유대인들.
☐ (수치) 다 내 탓이지... 난 사랑받을 자격이 없나 봐.
☐ (원망) 하나님은 안 계셔... 그 남자가 내 인생을 망쳤어...
☐ (포기) 그냥 하고 싶은 대로 내버려 둬... 사랑 같은 건 더 이상 믿지 않아.
☐ (기타)

사마리아 여자가 우물가에 도착했을 때, 예수는 여자에게 물을 달라고 부탁하며 다가갔다. 하지만 실상은 여자의 목마름을 해결해 주려고 접근하신 것이다. 예수는 여자의 목마름을 이미 알고 계셨다. 그것은 단순한 갈증이 아니었다. 살아 오면서 받아야 했던 거절과 오해와 차별, 혼자 힘으로는 살기 버거운 세상, 성적 만족으로 채울 수 없는 사랑받고 싶은 마음, 죽기보다 더 싫은 외로움 등으로 인한, 바닥까지 말라 버린 갈증이었다. 갖은 방법을 다 써 보았지만 목마름을 완전히 가시게 할 수는 없었다. 그런데 예수는 영원히 목마르지 않을 물을 주겠다는 것이다. 여자는 의아했을 것이다. '도대체 이 사람이 누구이기에 나의 목마름을 이해한다는 것인가, 누구이기에 나의 목마름을 영원히 해갈시켜 준다는 것인가.' 한편으로는 '이 사람이 누구건 나의 목마름만 해결할 수 있다면 그만 아닌가' 하며 그 물을 달라고 요청했는지도 모른다.

❷ 사마리아 여자의 목마름을 이해할 수 있습니까? 당신의 경우 좀처럼 해결되지 않는 목마름은 무엇입니까?

3 예수가 사마리아 여자에게 갑자기 남편 얘기를 꺼낸 이유는 무엇이라고 생각하십니까?(16-26, 29절)

4 자신의 과거를 알고 있는 예수에게 사마리아 여자는 어떤 질문을 던졌습니까? 그가 왜 이런 질문을 했다고 생각하십니까?(19-20, 25절)

5 예수는 사마리아 여자에게 하나님이 영과 진리로 참되게 예배드리는 사람들을 찾으신다(23절)고 말했습니다. 이 여자에게는 하나님께 나아가고자 하는 진정성이 보입니다. 당신은 어떻습니까?

예수가 사마리아 여자에게 말을 건넨 것부터, 유대인 남자 선생으로서 해서는 안 될 행위를 한 것이다. 유대인은 사마리아 사람과 상종하지 않는데, 심지어 낯선 여자와 이야기를 한다는 것은 유대인들에게는 도저히 받아들일 수 없는 행위였다. 게다가 예수는 이 여자의 사회적 평판이 좋지 않은 것을 알고도 접근했다. 만약 이 사실이 유대 사회에 퍼져 나간다면 심한 비난과 공격을 받을 수도 있었다. 하지만 예수는 여자를 경멸하거나 거부하지 않고 오히려 도움을 요청하며 다가가셨다. 예수는 이 만남을 통해 구원을 갈망하는 여자의 목마름을 해결해 주었고, 그 삶을 변화시켰다. 여자는 곧바로(물동이를 버려 두고) 동네로 들어가 주민들에게 예수가 그리스도라고 증언했다. 방금 전까지만 해도, 사람들의 시선을 피해 뜨거운 정오에 물을 길으러 나온 그였다. 여자의 말을 듣고 예수를 만나 본 동네 주민들 역시 예수를 믿게 되었다. 유대인 예수는 혼혈 민족이라고 무시당하고 천대받던 사마리아 사람들의 동네에서 이틀을 머물렀고, 그 결과 많은 사마리아 사람이 예수의 말씀을 듣고 예수를 믿었다(요4:39-42).

6 유대 사회로부터 비난과 공격을 받을 수 있다는 것을 알면서도 왜 예수는 사마리아 사람들을 만났습니까?(10, 25-26절)

"수고하며 무거운 짐을 진 사람은 모두 내게로 오너라. 내가 너희를 쉬게 하겠다. 나는 마음이 온유하고 겸손하니, 내 멍에를 메고 내게 배워라. 그러면 마음에 쉼을 얻을 것이다. 내 멍에는 편하고, 내 짐은 가볍다." (마태복음 11장 28-30절)

7 위의 성경 말씀 역시 예수의 조청입니다. 수고하며 무거운 짐을 진 사람이 내게 오면 쉼을 얻을 것이라는 초청에 대한 당신의 응답은 무엇입니까?

03,

세 번째 이야기,
거듭남

story 니고데모의 구도(求道)

+
이 영상은 《꽃들에게 희망을》이라는 동화를 가지고 만든 것입니다. 영상을 본 소감을 말해 주십시오.
진정한 나를 어떻게 찾을 수 있다고 생각하십니까?

눈앞에 펼쳐져 있는 예루살렘은 평화의 도시라는 그 이름에 걸맞게 고요하게 잠들어 있다. 장터의 소란함도, 어제 실로암 망대 건축 현장에서 일어난 끔찍한 사고의 충격도 이젠 모두 잠잠해졌다. 종일 도시를 가득 채운 소음과 먼지, 그리고 그만큼 어수선하고 매캐했던 사람들의 마음도 모두 가라앉은 것 같다. 세상 모든 이가 저마다의 안식을 취하고 있겠지……. 그가 왕이든 비천한 사람이든 자신에게 주어진 쉼을 누리고 있을 것이다. 세상이 아무리 불평등하고 엉터리 같은 곳이라 해도, 이 안식만은 모든 사람을 공평하게 대한다고 생각했다. 그러나 나는 언제부턴가 그 안식을 잃고 말았다. 세상은 고요한데 전투처럼 격렬하고 치열한 밤을 나는 또 보내고 있다.

사람들은 내가 완벽한 조건과 환경을 지녔다고 생각할 것이다. 물론 그것은 사실이다. 나는 행정과 사법을 총괄하는 산헤드린 회의의 의원이다. 비록 로마의 총독이 예루살렘을 지배하고 있지만 그 역시 우리 산헤드린의 협조가 없이는 거센 유대 민족을 다스리는 데 어려움을 느끼리라. 산헤드린 회의는 사형을 제외한 모든 권한을 행사할 수 있는 자치권을 로마 황제로부터 인정받았으니 당연한 결과다. 나는 사람들이 부러워하는 막강한 권력 그 한가운데 있는 사람이다. 또한 나는 율법을 가르치는 선생으로서, 세속 사회와 철저하게 구별하여 율법을 지키는 바리새파라는 그룹을 이끌고 있다. 이스라엘 백성의 삶은 율법이 전부라고 해도 지나치지 않는다. 율법은 삶의 모든 부분에 가르침을 준다. 심지어 무엇을 어떻게 먹을지까지도 율법은 엄격한 기준을 제시하고 있다. 율법의 가르침에 기대어 살아온 유대 민족이기에, 전문적인 율법 지식을 가르치고 모범을 보이는 선생은 백성이 존경해 마지않는 대상이다. 그들은 나를 보며 세상의 번잡함 너머 영원한 것을 보는 것이다.

사람들은 나에게, 신리가 무엇인지, 참된 행복과 안식을 얻기 위해서 어떻게 해야 하는지, 어떻게 하면 혼란스러운 세상에서 천국에 들어갈 수 있을지 묻는다. 나는 그들의 이야기를 듣고 율법에 따라 판단하며 적절한 조언을 해주는 것으로 대부분의 시간을 썼다. 나의 사려 깊고 적절한 대답에 그들은 만족했고 마음에서 우러나오는 존경의 인사를 건넸다. 그러나 정작 나는, 만족하지 못했다. 사람들은 내게서 흡족한 구원의 길을 찾은 듯했지만 내 구원의 길은 보이지 않았다. 시간이 갈수록 내가 행사할 수 있는 권력과 권한은 커져 갔지만 나는 더 무기력해지는 것 같았다. 나를 바라보는 사람들의 존경 어린 시선은 점점 더 깊어져 갔지만 내 영혼의 그림자는 진해져만 갔다. 여기서 벗어나려고 더 열심히, 더 깊이 율법과 신학과 철학에 몰입했지만 마치 바닷물을 들이키는 것처럼 더 심한 갈증에 시달렸다. 마음에 난 작은 구멍이, 곧 해결될 것처럼 보였던 의문의 틈새가 이제는 나를 집어삼키고 압도하고 있다. 나는 매일 밤, 이를 메워 보려고 홀로 전쟁과 같은 싸움을 계속하고 있다. 언제쯤이면 이 투쟁을 마치고 구원의 안식을 누릴 수 있을까?

결국 나는 집을 나서고 말았다. 얼마나 오랜 망설임 끝에 내린 결단인지. 치열했던 내 영혼의 전투와는 또 다른, 하지만 그만큼 힘들었던 결정이다. 누가 볼까 두려워 일부러 먼발치에서 그를 지켜 봤던 거리 곳곳을 둘러 간다. 그가 목청껏 외치던 광장을 지나고, 병자를 어루만지던 시장터를 지난다. 대화를 나누며 식사하던 식당과, 죄인들에 둘러싸이는 끔찍한 상황을 도리어 즐기는 듯 보였던 빈민가 골목도 들러 본다. 그의 음성, 그의 손길, 그의 눈빛……. 그에게는, 누구에게도 보여 줄 수 없었던 내 마음의 어두운 바닥을 보여 줄 수 있을 것 같다. 아니 어쩌면, 그는 이미 알고 있을지 모른다. 제대로 된 것이라고는 어느 것 하나 찾아볼 수 없는 시골 청년에게 세상 모든 것을 다 가진 내가 목을 매고 있다니! 하지만 내 걸음은 점점 더 빨라진다! 그의 흔적이 생생해질수록 가슴은 요동친다! 지금 나는 나사렛 출신의 예수를 만나러 간다!

요한복음 3장 1-17절(새번역)

1 바리새파 사람 가운데 니고데모라는 사람이 있었다. 그는 유대 사람의 한 지도자였다.
2 이 사람이 밤에 예수께 와서 말하였다. "랍비님, 우리는, 선생님이 하나님께로부터 오신 분임을 압니다. 하나님께서 함께하지 않으시면, 선생님께서 행하시는 그런 표징들을, 아무도 행할 수 없습니다."
3 예수께서 그에게 말씀하셨다. "내가 진정으로 진정으로 너에게 말한다. 누구든지 다시 나지 않으면, 하나님 나라를 볼 수 없다."
4 니고데모가 예수께 말하였다. "사람이 늙었는데, 그가 어떻게 태어날 수 있겠습니까? 어머니 뱃속에 다시 들어갔다가 태어날 수야 없지 않습니까?"
5 예수께서 대답하셨다. "내가 진정으로 진정으로 너에게 말한다. 누구든지 물과 성령으로 나지 아니하면, 하나님 나라에 들어갈 수 없다.
6 육에서 난 것은 육이요, 영에서 난 것은 영이다.
7 너희가 다시 태어나야 한다고 내가 말한 것을, 너는 이상히 여기지 말아라.
8 바람은 불고 싶은 대로 분다. 너는 그 소리는 듣지만, 어디에서 와서 어디로 가는지는 모른다. 성령으로 태어난 사람은 다 이와 같다."
9 니고데모가 예수께 물었다. "어떻게 이런 일이 있을 수 있습니까?"
10 예수께서 대답하셨다. "너는 이스라엘의 선생이면서, 이런 것도 알지 못하느냐?
11 내가 진정으로 진정으로 너에게 말한다. 우리는, 우리가 아는 것을 말하고, 우리가 본 것을 증언하는데, 너희는 우리의 증언을 받아들이지 않는다.
12 내가 땅의 일을 말하여도 너희가 믿지 않거든, 하물며 하늘의 일을 말하면 어떻게 믿겠느냐?
13 하늘에서 내려온 이 곧 인자밖에는 하늘로 올라간 이가 없다.
14 모세가 광야에서 뱀을 든 것같이, 인자도 들려야 한다.
15 그것은 그를 믿는 사람마다 영생을 얻게 하려는 것이다.
16 하나님께서 세상을 이처럼 사랑하셔서 외아들을 주셨으니, 이는 그를 믿는 사람마다 멸망하지 않고 영생을 얻게 하려는 것이다.
17 하나님께서 아들을 세상에 보내신 것은, 세상을 심판하시려는 것이 아니라, 아들을 통하여 세상을 구원하시려는 것이다."

talk 성경 속으로

1 성경은 니고데모에 대해 어떻게 설명하고 있습니까?(1-2, 10절) 이런 설명을 통해 추리해 볼 수 있는 것은 무엇입니까?

2 이런 니고데모에 대한 예수의 반응은 어떠했습니까?(3-4절) 또, 예수와 대화하는 니고데모의 표정은 어떨지 상상해 보십시오.

3 당신은 하나님 나라에 들어갈 수 있다고 생각하십니까? 그 이유는 무엇입니까?

④ 예수는 '다시 태어나야 한다'는 말을 어떻게 설명하고 있습니까?(5-8절)

니고데모는 아직도 이해할 수가 없었다. 유대인은 혈통상 아브라함의 자손이므로 당연히 하나님 나라에 들어가는 것이 아닌가? 그런데 '성령으로 나는 것'은 도대체 무엇이란 말인가? 만약 언약의 자손도 당연히 들어갈 수 없다면, 바리새파에 가입하는 것처럼 특정한 행동 지침을 일정 기간 동안 지키며 검증을 받기라도 해야 하는 것 아닌가? 그런데 사람이 아닌 성령이 하시는 것이라니……. 바리새파 유대인인 그로서는 너무나도 생소한 원리와 절차였다. 그래서 어떻게 이런 일이 일어날 수 있는지 예수께 다시 물었다. 그러자 예수는 니고데모와 동료들을 책망하는 것이 아닌가?

⑤ 예수의 설명에 따르면 '성령으로 태어나는 것', 즉 '하나님 나라에 들어가는 것'은 어떻게 가능합니까?(13-15절)

6 성경은 예수에 대해 누구라고 표현하고 있습니까?
(16-17절)

예수는 원래 하나님이시다. 하지만 우리를 구원하기 위해 사람의 모양으로 이 세상에 오셨다. 하나님이 사람이 되신 것은 우리가 지렁이가 되는 것보다도 더 충격적인 사건이다. 시간과 공간을 초월하는 존재가 시공간 안에 갇혀 산다는 것이 얼마나 불편한 일이겠는가? 때가 되면 밥을 먹어야 하고 잠을 자야 하는 것, 호수는 배로 건너야 하고 먼 지역을 가기 위해서 며칠이 걸려야 하는 것 등. 왜 이런 수고를 감당하셨는가? 세상을 사랑하여 구원하기 위해서다. 지렁이를 사랑해서 지렁이가 되겠다고 다짐하는 사람이 과연 있겠는가? 하지만 예수는 우리를 사랑하여 사람이 되셨다.

"그는 하나님의 모습을 지니셨으나, 하나님과 동등함을 당연하게 생각하지 않으시고, 오히려 자기를 비워서 종의 모습을 취하시고, 사람과 같이 되셨습니다. 그는 사람의 모양으로 나타나셔서, 자기를 낮추시고, 죽기까지 순종하셨으니, 곧 십자가에 죽기까지 하셨습니다."
(빌립보서 2장 6-8절)

7 당신에게도 다시 태어남이 필요하다고 생각하지 않으십니까?

04

네 번째 이야기,
이탈

story 에덴 동산의 선악과

그러지 말았어야 했다

우리의 사랑이 차고도 흘러넘쳐 이 우주 공간을 적실 때에
그 사랑을 주체할 길이 없어 너를 창조했을 때에
오직 너만을 위하여 하늘과 땅을 만들고
낮의 해와 밤의 달을 만들 때에
산천의 초목과 열매 맺는 나무를 만들 때에
우리를 닮은 네 코에 생기를 불어 넣을 때에
네가 우리를 바라보며 미소 지을 때에
네 눈동자에 우리가 담겼을 때에
네가 작은 입술을 열어 비로소 우리를 불렀을 때에

그러지 말았어야 했다

광활한 대지를 함께 달리며 부드러운 흙냄새를 서로 나누고
네 여린 발이 밟는 그곳에 내 날개를 펴 주고
회전하는 그림자도 없는 내가 너의 그림자를 위해 그늘이 되며
너를 위해 만든 만물을 네 손으로 돌보는 것이 네게 기쁨이 되고
그 다사로운 돌봄을 통해 네가 참 쉼을 누리기를
만물이 너와 나를 통해 다시 한 번 사랑이 무엇인지 공감하기를
나는 네게 최고를 주고 너는 내게 최선을 주는, 그 특별한 속삭

신의 존재에 대해 생각해 본 적이 있습니까? 당신이 생각하는 신의 이미지는 어떤 모습입니까?

임을 천사도 흠모하기를
우릴 닮은 네 아내와 네가 이룬 신비로운 관계 속에서
결국은 그것이 우리의 비밀임을 알아 가기를
너와 네 아내의 자녀들이 이 동산을 가득 채울 때에
그 천년이 우리에게 하루 같을 만큼
나는 꿈꾸었었다 기대했었다 참으로 바랐었다
그래서 좋았고 좋았고 참으로 좋았었다

그러나 그러지 말았어야 했다

너는 내가 아닌 다른 신을 불렀고 그 신에게 몸 바쳤으며
그 신의 요구에 따라 내 가슴을 찢어 내 심장을 도려내는구나
붉은 피를 뚝뚝 흘리며 여전히 네 손 위에서 아프게 헐떡이는 내 심장을 움켜쥐고
너는 기어이 다른 신을 위해 달리고 또 달려가는구나
우리가 너를 위해 만든 에덴의 동산을 밟고
우리가 너를 위해 만든 에덴의 강가를 지나
그렇게 헐레벌떡 뛰어가는구나
그러는 네게
네 손에 짓이겨진 내 심장이 외치는 말
 "내 아들아, 넘어질라 천천히 가거라"

그러지 말았어야 했다
나를 사랑하지 않을 자유, 나를 배신할 자유, 나를 버릴 자유
내가 사랑하는 너였기에 내 사랑을 아는 너였기에 아무것도 숨기지 않았는데

너는 그러지 말았어야 했다

그러나 이제
그러지 말았어야 할 너를 위해

그러지 말았어야 할 내가
여기 골고다에 우두커니 서 있구나

창세기 3장 1-24절(새번역)

1 뱀은, 주 하나님이 만드신 모든 들짐승 가운데서 가장 간교하였다. 뱀이 여자에게 물었다. "하나님이 정말로 너희에게, 동산 안에 있는 모든 나무의 열매를 먹지 말라고 말씀하셨느냐?"
2 여자가 뱀에게 대답하였다. "우리는 동산 안에 있는 나무의 열매를 먹을 수 있다.
3 그러나 하나님은, 동산 한가운데 있는 나무의 열매는, 먹지도 말고 만지지도 말라고 하셨다. 어기면 우리가 죽는다고 하셨다."
4 뱀이 여자에게 말하였다. "너희는 절대로 죽지 않는다.
5 하나님은, 너희가 그 나무 열매를 먹으면, 너희의 눈이 밝아지고, 하나님처럼 되어서, 선과 악을 알게 된다는 것을 아시고, 그렇게 말씀하신 것이다."
6 여자가 그 나무의 열매를 보니, 먹음직도 하고, 보암직도 하였다. 그뿐만 아니라, 사람을 슬기롭게 할 만큼 탐스럽기도 한 나무였다. 여자가 그 열매를 따서 먹고, 함께 있는 남편에게도 주니, 그도 그것을 먹었다.
7 그러자 두 사람의 눈이 밝아져서, 자기들이 벗은 몸인 것을 알고, 무화과나무 잎으로 치마를 엮어서, 몸을 가렸다.
8 그 남자와 그 아내는, 날이 저물고 바람이 서늘할 때에, 주 하나님이 동산을 거니시는

소리를 들었다. 남자와 그 아내는 주 하나님의 낯을 피하여서, 동산 나무 사이에 숨었다.
9 주 하나님이 그 남자를 부르시며 물으셨다. "네가 어디에 있느냐?"
10 그가 대답하였다. "하나님께서 동산을 거니시는 소리를, 제가 들었습니다. 저는 벗은 몸인 것이 두려워서 숨었습니다."
11 하나님이 물으셨다. "네가 벗은 몸이라고, 누가 일러 주더냐? 내가 너더러 먹지 말라고 한 그 나무의 열매를, 네가 먹었느냐?"
12 그 남자는 핑계를 대었다. "하나님께서 저와 함께 살라고 짝지어 주신 여자, 그 여자가 그 나무의 열매를 저에게 주기에, 제가 그것을 먹었습니다."
13 주 하나님이 그 여자에게 물으셨다. "너는 어쩌다가 이런 일을 저질렀느냐?" 여자도 핑계를 대었다. "뱀이 저를 꾀어서 먹었습니다."
14 주 하나님이 뱀에게 말씀하셨다. "네가 이런 일을 저질렀으니, 모든 집짐승과 들짐승 가운데서 네가 저주를 받아, 사는 동안 평생토록 배로 기어다니고, 흙을 먹어야 할 것이다.
15 내가 너로 여자와 원수가 되게 하고, 너의 자손을 여자의 자손과 원수가 되게 하겠다. 여자의 자손은 너의 머리를 상하게 하고, 너는 여자의 자손의 발꿈치를 상하게 할 것이다."
16 여자에게는 이렇게 말씀하셨다. "내가 너에게 임신하는 고통을 크게 더할 것이니, 너는 고통을 겪으며 자식을 낳을 것이다. 네가 남편을 지배하려고 해도 남편이 너를 다스릴 것이다."
17 남자에게는 이렇게 말씀하셨다. "네가 아내의 말을 듣고서, 내가 너에게 먹지 말라고 한 그 나무의 열매를 먹었으니, 이제, 땅이 너 때문에 저주를 받을 것이다. 너는, 죽는 날까지 수고를 하여야만, 땅에서 나는 것을 먹을 수 있을 것이다.
18 땅은 너에게 가시덤불과 엉겅퀴를 낼 것이다. 너는 들에서 자라는 푸성귀를 먹을 것이다.
19 너는 흙에서 나왔으니, 흙으로 돌아갈 것이다. 그 때까지, 너는 얼굴에 땀을 흘려야 낟알을 먹을 수 있을 것이다. 너는 흙이니, 흙으로 돌아갈 것이다."
20 아담은 자기 아내의 이름을 하와라고 하였다. 그가 생명이 있는 모든 것의 어머니이기 때문이다.
21 주 하나님이 가죽옷을 만들어서, 아담과 그의 아내에게 입혀 주셨다.
22 주 하나님이 말씀하셨다. "보아라, 이 사람이 우리 가운데 하나처럼, 선과 악을 알게 되었다. 이제 그가 손을 내밀어서, 생명나무의 열매까지 따서 먹고, 끝없이 살게 하여서는 안 된다."
23 그래서 주 하나님은 그를 에덴 동산에서 내쫓으시고, 그가 흙에서 나왔으므로, 흙을 갈게 하셨다.
24 그를 쫓아내신 다음에, 에덴 동산의 동쪽에 그룹들을 세우시고, 빙빙 도는 불칼을 두셔서, 생명나무에 이르는 길을 지키게 하셨다.

4th story

talk 성경 속으로

1 남자와 여자는 어떤 경위로 선과 악을 알게 하는 나무 열매(선악과)를 먹게 되었습니까?(1-6절) 뱀이 어떤 말로 그들을 유혹했는지 창세기 2장 16-17절에 나와 있는 하나님의 말씀과 비교해 보십시오.

하나님	"동산에 있는 모든 나무의 열매는, 네가 먹고 싶은 대로 먹어라. 그러나 선과 악을 알게 하는 나무의 열매만은 먹어서는 안 된다. 그것을 먹는 날에는, 너는 반드시 죽는다."(창세기 2장 16~17절)
뱀 (4-5절)	
여자 (6절)	

2 선악과를 먹는다는 것은 어떤 의미를 가지고 있습니까? 사람에게 선과 악을 알게 하는 나무의 열매만은 먹지 말라고 하신 하나님의 말씀에 동의할 수 있습니까?

선악과는 하나님과 아담 사이의 관계를 설정하는 상징적 물건이었다. 아담은 하나님께서 창조하신 피조물로 하나님 안에서 자유와 행복을 누리는 존재였다. 비유컨대 물고기가 물 안에 있어야 자유로울 수 있듯이, 차들이 중앙선을 넘지 않아야 안전할 수 있듯이 아담은 절대자이신 하나님 품에 있어야 가장 인간다울 수 있었다. 사실 아담은 하나님께서 창조하신 세계를 다스리는 놀라운 권한을 하나님으로부터 위임받았다. 그는 선악과를 제외한 모든 열매를 취할 수 있었으며 각종 동물도 부릴 수 있었다. 선악과는 이 모든 권한이 본래 아담의 것이 아니라 하나님으로부터 위임받은 것이라는 상징이었다. 아담은 하나님의 명령대로 선악과 먹기를 거부함으로써 자신이 조물주가 아님을 고백해야 했다.

3 선악과를 먹은 후 남자와 여자에게 어떤 일이 벌어졌습니까?(7-13절)

4 남자와 여자가 선악과를 먹은 잘못에 따른 결과는 무엇이었습니까?(16-19, 22-24절)

남자와 여자는 교만과 불순종으로 말미암아 하나님으로부터 이탈되었다. 이들 최초의 인간이 에덴 동산에서 추방된 이후 그 자손들은 모두 하나님으로부터 분리된 채 태어난다. 성경은 하나님으로부터 이탈한 인간이 죄와 죽음의 지배를 받게 되었다고 말한다. "그러므로 한 사람을 통하여 죄가 세상에 들어오고, 또 그 죄를 통하여 죽음이 들어온 것과 같이, 모든 사람이 죄를 지었으므로, 죽음이 모든 사람에게 이르게 되었습니다"(로마서 5장 12절). 인류의 시조 아담의 죄가 모든 사람에게 영향을 미쳐 모든 사람이 타락한 본성을 갖게 된 것이다. 하나님으로부터 이탈된 인간은 온전한 선을 행할 수 없으며 타락한 본성으로 인해 죄의 열매를 생산할 수밖에 없다. 그래서 인간은 심판을 피할 수 없는 것이다.

5 아담과 그 아내를 에덴 동산에서 추방하실 때 하나님의 심정은 어떠했으리라고 생각하십니까?(21절) 하나님에게서 이탈한 인간을 향한 하나님의 계획은 무엇입니까?(15절)

"아담 한 사람의 범죄 때문에 그 한 사람으로 말미암아 죽음이 왕 노릇 하게 되었다면, 넘치는 은혜와 의의 선물을 받는 사람들은, 예수 그리스도 한 분으로 말미암아, 생명 안에서 왕노릇 하게 되리라는 것은 더욱더 확실합니다. 그러니 한 사람의 범죄 행위 때문에 모든 사람이 유죄 판결을 받았는데, 이제는 한 사람의 의로운 행위 때문에 모든 사람이 의롭다는 인정을 받아서 생명을 얻게 되었습니다." (로마서 5장 17-18절)

6 당신도 이탈된 관계를 회복하는 것이 필요하다고 생각하지 않으십니까?

05

다섯 번째 이야기,
교환

story 해골 언덕의 십자가

[실시간 인기 급상승 트윗]

@JOY_displ. 예수, 마침내 체포. 예루살렘 성전 당국의 수배를 받아 온 예수 마침내 체포. 유월절 축제를 앞두고 소수 제자들과 감람산 회합 중 출동한 성전 경비원들에게 전격 체포. 산헤드린 공회로 압송된 것으로 추측. 9 hours ago

@JOY_displ. 체포 과정에서 폭력 사태 발생. 대제사장의 종이 부상당한 것으로 알려짐. 부상 정도는 모름. 체포 과정에서 제자들은 도주. 성전 경비원들은 이들의 검거를 위해 로마 총독부에 협조를 요청한 것으로 알려짐. 7 hours ago

@JOY_displ. 산헤드린 공회 공식발표 RT @Jerusalem_Temple 예수는 감람산에서 체포 후 현재 산헤드린 공회로 압송. 배심원인 제사장과 서기관 긴급 호출 중. 예수는 율법에 보장된 공정한 재판을 받게 될 것임. 6 hours ago

@JOY_displ. 심야 재판은 비공개로 진행 중. 예수가 그리스도를 사칭한 문제에 대해 심문이 진행 중인 것으로 알려짐. 예수는 한동안 묵비권을 행사한 것으로 전해짐. 5 hours ago

+
이 영상은 예수의 십자가 처형을 아주 실감나게 묘사하고 있다는 평을 받은 영화 〈패션 오브 크라이스트〉의 한 장면입니다. 십자가 처형을 지켜본 소감이 어떻습니까?

@JOY_displ. 긴급! 예수의 몸에 난 상처로 고문 의혹이 제기됨. 성전 당국은 부인하고 있으며 재판은 율법이 정한 원칙에 따라 공정하게 진행된다는 공식 발표를 준비하고 있음. 곧 대변인의 발표가 있을 예정. 5 hours ago

@JOY_displ. 하지만 의료진이나 언론에 예수의 상태 공개는 거부. RT @Jerusalem_Temple 예수가 재판 과정에서 고문을 당했다는 루머는 유언비어임. 재판은 율법이 정한 원칙에 따라 공정하게 진행되고 있음. 성전은 진실 규명을 위해 최선을 다하고 있음. 5 hours ago

@JOY_displ. 예수가 하나님의 아들이라 사칭한 것을 포함, 혐의 대부분을 인정했다고 산헤드린 대변인이 발표. 대변인 발표문 전문 및 전문가 해설 http://bit.ly/c8/ABC 5 hours ago

@JOY_displ. 확인이 필요하나 매우 신빙성 있는 소식 RT @T-girl17 수석 제자인 베드로가 선생인 예수를 부인했어요. 그것도 세 번이나 ㅠㅠ~ 수탉이 울자 갑자기 흐느끼며 뛰쳐나갔어요. 3 hours ago

@JOY_displ. 5시 현재 산헤드린 배심원들이 예수를 로마 총독부로 압송 중. 빌라도 총독과 면담할 것으로 예상. 빌라도가 어떤 입장을 취할 것인지가 중요 분수령이 될 것임. 3 hours ago

@JOY_displ. 빌라도 총독이 산헤드린 배심원과 격론 끝에 태형을 강행하기로 함. 예수는 로마 시위대 막사로 이송 중. 시위대의 태형에 대한 내용은 다음 링크 확인. 태형을 당했던 시므온의 개인 블로그에서 http://bit.ly/c8/ABC 2 hours ago

@JOY_displ. 충격! 시위대 태형을 받은 예수, 배심원과 군중 앞에 모습을 공개. twitpic 2 hours ago

@JOY_displ. 빌라도가 사형 집행 거부를 밝히고 있음. 배심원과 군중의 반응은 반대 의견이 다수임. 법정인 안토니오의 뜰은 일촉즉발의 분위기. 로마 시위대와 군중들 대치 중. 1 hours ago

@JOY_displ. 결국... RT @Rome-Col30 유월절 특사로 바라바 석방 결정. 예수는 2명의 강도와 함께 십자가형 집행 결정. 로마의 평화! 오직 시저! 1 hours ago

@JOY_displ. 십자가 처형 관련 로마 집행관의 처형 매뉴얼 입수 관련 자료 링크 http://bit.ly/c8/ABC 예루살렘아! 울어라! 50 min ago

@JOY_displ. 예수, 골고다 언덕으로 행진 시작. 온종일 구타와 고문의 흔적 역력. 두 명의 강도도 그 뒤를 따르고 있다. 골고다 가는 길은 통제 불능으로 혼란스럽다. twitpic 45 min ago

@JOY_displ. . . . . RT @pilate 예수가 달릴 십자가 명패로 '유대인의 왕'을 써서 보냈다. 이것이 내가 할 수 있는 일의 전부였다. 로마 총독, 아니 로마의 황제라도 그 사람의 죽음을 막을 수 없었을 것이다... 32 min ago

누가복음 23장 32-43절(새번역)

32 다른 죄수 두 사람도 예수와 함께 처형장으로 끌려갔다.

33 그들은 해골이라 하는 곳에 이르러서, 거기서 예수를 십자가에 달고, 그 죄수들도 그렇게 하였는데, 한 사람은 그의 오른쪽에, 한 사람은 그의 왼쪽에 달았다.

34 [그 때에 예수께서 말씀하셨다. "아버지, 저 사람들을 용서하여 주십시오. 저 사람들은 자기네가 무슨 일을 하는지를 알지 못합니다."] 그들은 제비를 뽑아서, 예수의 옷을 나누어 가졌다.

35 백성은 서서 바라보고 있었고, 지도자들은 비웃으며 말하였다. "이 자가 남을 구원하였으니, 정말 그가 택하심을 받은 분이라면, 자기나 구원하라지."

36 병정들도 예수를 조롱하였는데, 그들은 가까이 가서, 그에게 신 포도주를 들이대면서,

37 말하였다. "네가 유대인의 왕이라면, 너나 구원하여 보아라."

38 예수의 머리 위에는 "이는 유대인의 왕이

다" 이렇게 쓴 죄패가 붙어 있었다.

39 예수와 함께 달려 있는 죄수 가운데 하나도 그를 모독하며 말하였다. "너는 그리스도가 아니냐? 너와 우리를 구원하여라."

40 그러나 다른 하나는 그를 꾸짖으며 말하였다. "똑같은 처형을 받고 있는 주제에, 너는 하나님이 두렵지도 않으냐?

41 우리야 우리가 저지른 일 때문에 그에 마땅한 벌을 받고 있으니 당연하지만, 이분은 아무것도 잘못한 일이 없다." 그리고 나서 그는 예수께 말하였다.

42 "예수님, 주님이 주님의 나라에 들어가실 때에, 나를 기억해 주십시오."

43 예수께서 그에게 말씀하셨다 "내가 진정으로 네게 말한다. 너는 오늘 나와 함께 낙원에 있을 것이다."

talk 성경 속으로

1 예수의 십자가 처형 현장에 있었던 사람들의 태도에 대해 이야기해 보고, 그림과 말풍선을 이용하여 그려 봅시다(35-37절).

② 만약 당신이 다른 사람들에게 비웃음이나 조롱을 받는다면 어떤 반응이 나오겠습니까?

③ 사람들의 이런 태도에 대해 예수는 어떻게 반응하셨고, 왜 그런 반응을 보이셨다고 생각하십니까?(34절)

예수의 십자가 사건은 인간의 한계를 뛰어넘는 수난이었다. 보통 십자가형을 선고받은 죄수는 사형 장소까지 자신의 십자가를 직접 지고 가는 것이 관례였다. 하지만 심한 고문으로 기력이 쇠한 예수는 도중에 다른 사람이 십자가를 짊어지는 것을 허락받았다. 십자가형은 탈진과 출혈 과다로 서서히 몸이 처지면서 근육 경련과 질식 현상으로 죽음에 이르는 사형 방법이라 오랜 시간이 걸렸다. 그래서 때때로 죽음을 앞당기기 위해 죄수의 다리를 꺾기도 하였다. 하지만 예수는 십자가에서 6시간 만에 사망하였다. 그만큼 고문 강도가 컸다고 볼 수 있다. 십자가 수난은 육체적인 고통에만 머무르지 않는다. 예수는 십자가에 못 박으라는 백성의 성난 함성을 들었으며 거칠고 난폭한 군인들의 위협을 받았다. 그 공포에 더해, 발가벗겨진 신체에다가 자신을 구원하여 내라는 조롱까지, 수치는 고통을 가중시켰다. 게다가 자신을 따라 죽겠다던 제자들은 결정적인 순간에 아무 도움도 되지 못하고 오히려 자신을 배신하고 달아나 버렸다. 그뿐인가? 예수는 십자가 위에서 하나님께 이렇게 외쳤다. "나의 하나님, 나의 하나님, 어찌하여 나를 버리셨습니까?"(마27:46) 예수는 십자가에서 하나님의 함께하심을 느끼지 못했다. 즉 영적 단절을 경험한 것이다. 인류의 죄를 위해 철저하게 버려져 심판을 받으신 것이다.

4 이런 모든 광경을 지켜 본 두 죄수의 태도는 어떠했습니까? 그들의 태도는 왜 달랐습니까?(39-42절)

5 마지막 한 죄수의 요청에 대한 예수의 대답은 무엇이었습니까? 또 대답의 의미는 무엇입니까?(43절)

6 아래의 성경 말씀을 읽고, 예수 십자가가 나에게 어떤 의미를 가지고 있는지 생각해 봅시다.

"그는 실로 우리가 받아야 할 고통을 대신 받고, 우리가 겪어야 할 슬픔을 대신 겪었다. 그러나 우리는, 그가 징벌을 받아서 하나님에게 맞으며, 고난을 받는다고 생각하였다. 그러나 그가 찔린 것은 우리의 허물 때문이고, 그가 상처를 받은 것은 우리의 악함 때문이다. 그가 징계를 받음으로써 우리가 평화를 누리고, 그가 매를 맞음으로써 우리의 병이 나았다. 우리는 모두 양처럼 길을 잃고, 각기 제 갈 길로 흩어졌으나, 주께서 우리 모두의 죄악을 그에게 지우셨다." (이사야 53장 4-6절)

예수의 십자가는 로마로부터 해방을 꿈꾸는 정치범의 사형 집행이 아니었다. 또한 유대 종교 지도자들의 시기에 의한 반대 세력 숙청도 아니었다. 예수의 십자가는 온 인류를 향한 하나님의 구원 행위였다. 예수는 내가 받아야 할 고통을 대신 받으셨고, 내가 겪어야 할 슬픔을 대신 겪으셨다. 예수가 못으로 십자가에 박힌 것은 나의 허물 때문이고, 예수가 채찍질 고문을 받은 것은 나의 악 때문이다. 예수의 십자가에서 인간의 죄와 하나님의 의가 교환된 것이다. 하나님 편에서는 절대적인 손해이지만 인간 편에서는 무조건 이익이 되는 즐거운 교환이다. 징계와 평화가 교환되었고, 매 맞음과 병 나음이 교환되었다. 하나님은 자신을 버리고 떠난 인간을 위해 아들을 희생시키신 것이다.

7 오늘 성경 말씀에는 예수의 십자가에 대한 사람들의 다양한 태도가 나옵니다. 당신의 태도는 무엇입니까?

06

여섯 번째 이야기,
변화

story 엠마오로의 동행

세상은 야속하리만큼 평화롭다. 고향에 닿은 길은 완만한 내리막으로 이어져 있다. 산 위의 도시 예루살렘에서 고향 마을 엠마오 가는 길은 언제나 한달음에 뛰어갈 수 있는 길이었다. 예루살렘의 신기함에 지치고, 북적대는 사람과 짐승 그리고 이들의 소음에 질릴 즈음 난 언제나 집까지 이어진 이 길을 생각하며 안심하곤 했다. 집이 가까워질수록 초록은 진해지고 무성해졌다. 그 변화에 힘을 얻어, 앞으로 쭉쭉 뻗으며 내딛는 걸음은 집에 닿을 즈음이면 거의 언제나 달음질이 되곤 했다. 고향 엠마오로 가는 길에서 난 언제나 그 길과, 그 풍경과 하나가 되었고 또 언제나 그럴 것으로 생각했다.

내가 그를 처음 만난 것도 바로 이 길 위에서다. 그는 이 길과 너무도 잘 어울렸다. 아니, 마치 이 길과 마치 하나인 것 같았다. 평범한 시골길은 그의 발걸음 하나, 손짓 하나에 새롭게 거듭나는 것 같았다. 나 같은 촌부에게나 어울리던 투박한 시골길이 그를 만나자 전혀 다른 모습으로 변했다. 그가 이 길을 통해 예루살렘으로 올라갔을 때, 난 왕의 행진을, 왕의 대로를 보았다. 그가 길가 공터에서 사람들에게 설교할 때 그는 길르앗의 포도나무 같았다. 굳은 두 발은 뿌리가 되어 길과 하나가 되었고 그 생명으로 엠마오의 길은 포도 과수원이 되었다. 하나님나라, 생명, 진리를 이야기하는 그의 목소리는 바람 소리였다. 포도나무의 잎사귀 잎사귀를 타고 흐르는 바람 소

think

+ 기독교에 귀의해서 삶의 변화를 경험한 사람을 만난 적이 있습니까? 만약 있다면 그 사람의 이야기를 간략히 들려주십시오.

리……. 그 길에 매혹되어, 그리고 그 소리에 이끌리어 나는 선생 예수를 좇았다. 그의 길이 내 길이 되었고 나의 길이 그의 길이 되었다. 3년이 채 안 된 그래서 더 눈물 나는 이 모든 일이 지금 내가 걷고 있는 이 길에서 시작되었다.

그러나, 오늘 이 길은 정말 무심하리만큼 평화롭다. 자신을 이토록 아름답게 만들어 준 이가 그토록 비참하게 세상을 떠났는데……. 자신과 함께 기뻐하고 신나했던 내가 이토록 질멍하여 되는 대로 걸음을 내딛고 있는데……. 내 눈물이, 내 한숨이 자기 위로 쏟아지고 있는데……. 엠마오로 향하는 길은 여전히 아름답다. 여전히 왕의 길 같고 여전히 길르앗의 포도원을 닮아 있다. 하지만 이 모든 변화를 가능케 했던 그분은 이제 세상에 존재하지 않는다. 이제 왕의 길은 쇠락할 것이고 다시 인적이 드문 적막한 시골길로 돌아갈 것이다. 길르앗의 포도원은 잡초만 우거진 쓸모없는 땅으로 변해 갈 것이다. 난 그렇게 될 것을 알고 있다. 이미 내 마음에서 일어나고 있는 일이기 때문이다. 그가 없는 길, 그가 없는 세상, 그리고 그가 없는 나. 집은 가까워 오는데 내 걸음은 빨라지지 않는다.

내 동행도 비슷한 생각에 잠겨 있는 것 같다. 해가 벌써 정오를 지나 기울기 시작했는데 우린 서로 한 마디도 하지 않았다. 용기를 내서 그가 먼저 입을 연다. "괜찮아? 좀 어때?" 친구가 건넨 말 한 마디에 대답 대신 서러움이 울컥한다. 내 속에 엉켜 있던 말을 꺼내 놓자, 마치 거대한 둑에 구멍이라도 난 듯 내 말은 그칠 줄 모르고 쏟아져 나온다. 예수의 죽음에 대해서, 예수의 삶에 대해서, 예수의 말에 대해서, 그리고 그가 만든 길, 그 길의 일부가 되길 간절히 소망한 나에 대해서. 마치 이 모든 일이 그 친구의 책임이고 잘못이라는 듯이. 그는 내 말을 들으며 묵묵히 걷는다. 한참이 지난 뒤에야 그의 마음도 나만큼 아프고 무거웠음을 깨닫는다. 길 위에 깊이 패인 그의 발자국이 눈에 들어왔기 때문이다. 그리고 그제서야 우리와 함께 걷고 있는 또 다른 동행을 발견한다. 언제부터 우리 곁에서 길을 걸었는지는 기억나지 않는다. 그러나 꽤 한참이 된 듯, 아니 마치 처음부터 일행이었던 듯 그의 걸음은 자연스러웠다.

엠마오로 가는 길은 여전히 평화로웠다. 영원히 그럴 것 같았다.

누가복음 24장 13-35절(새번역)

13 마침 그 날에 그들 가운데 두 사람이 예루살렘에서 한 삼십 리 떨어져 있는 엠마오라는 마을로 가고 있었다.
14 그들은 일어난 이 모든 일을 서로 이야기하고 있었다.
15 그들이 이야기하며 토론하고 있는데, 예수께서 가까이 가서, 그들과 함께 걸으셨다.
16 그러나 그들은 눈이 가려져서 예수를 알아보지 못하였다.
17 예수께서 그들에게 물으셨다. "당신들이 걸으면서 서로 주고받는 이 말들은 무슨 이야기입니까?" 그들은 침통한 표정을 지으며 걸음을 멈추었다.
18 그 때에 그들 가운데 하나인 글로바라는 사람이 예수께 말하였다. "예루살렘에 머물러 있었으면서, 이 며칠 동안에 거기에서 일어난 일을 당신 혼자만 모른단 말입니까?"
19 예수께서 그들에게 물으셨다. "무슨 일입니까?" 그들이 그에게 말하였다. "나사렛 예수에 관한 일입니다. 그는 하나님과 모든 백성 앞에서, 행동과 말씀에 힘이 있는 예언자였습니다.
20 그런데 우리의 대제사장들과 지도자들이 그를 넘겨주어서, 사형선고를 받게 하고, 십자가에 못박아 죽였습니다.
21 우리는 그분이야말로 이스라엘을 구원하실 분이라는 것을 알고서, 그분에게 소망을 걸고 있었던 것입니다. 그뿐만 아니라, 그런 일이 있은 지 벌써 사흘이 되었는데,
22 우리 가운데서 몇몇 여자가 우리를 놀라게 하였습니다. 그들은 새벽에 무덤에 갔다가,
23 그의 시신을 찾지 못하고 돌아와서 하는 말이, 천사들의 환상을 보았다는 것입니다. 천사들이 예수가 살아 계신다고 말했다는 것입니다.
24 그래서 우리와 함께 있던 몇 사람이 무덤으로 가서 보니, 그 여자들이 말한 대로였고, 그분은 보지 못하였습니다."
25 예수께서는 그들에게 말씀하셨다. "어리석은 사람들입니다. 예언자들이 말한 모든 것을 믿는 마음이 그렇게도 무디니 말입니다.
26 그리스도가 마땅히 이런 고난을 겪고서, 자기 영광에 들어가야 하지 않겠습니까?"
27 그리고 예수께서는 모세와 모든 예언자에서부터 시작하여 성경 전체에서 자기에 관하여 써 놓은 일을 그들에게 설명하여 주셨다.
28 그 두 길손은 자기들이 가려고 하는 마을에 가까이 이르렀다. 그런데 예수께서는 더 멀리 가는 척하셨다.
29 그러자 그들은 예수를 만류하여 말하였다. "저녁때가 되고, 날이 이미 저물었으니, 우리 집에 묵으십시오." 예수께서 그들의 집에 묵으려고 들어가셨다.
30 그리고 그들과 함께 음식을 잡수시려고 앉으셨을 때에, 예수께서 빵을 들어서 축복

하시고, 떼어서 그들에게 주셨다.

31 그제서야 그들의 눈이 열려서, 예수를 알아보았다. 그러나 한순간에 예수께서는 그들에게서 사라지셨다.

32 그들은 서로 말하였다. "길에서 그분이 우리에게 말씀하시고, 성경을 풀이하여 주실 때에, 우리의 마음이 [우리 속에서] 뜨거워지지 않았습니까?"

33 그들이 곧바로 일어나서, 예루살렘에 돌아와서 보니, 열한 제자와 또 그들과 함께 있던 사람들이 모여 있었고,

34 모두들 "주님께서 확실히 살아나시고, 시몬에게 나타나셨다" 하고 말하고 있었다.

35 그래서 그 두 사람도 길에서 겪은 일과 빵을 떼실 때에 비로소 그를 알아보게 된 일을 이야기하였다.

talk 성경 속으로

1. 엠마오로 향하는 두 사람이 가는 길에 무슨 이야기를 나누었는지 그 대화 목록을 상상해 보십시오(13-15절).

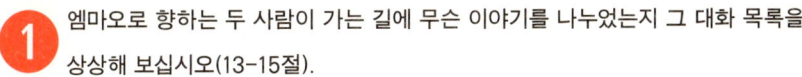

□ 왜 예수는 재판과 사형이 진행되는 동안 초능력을 행사하지 않았을까?
□ 왜 종교 지도자와 관료들은 예수를 고발했을까? 그들은 해방을 원치 않았을까?
□ 여자들이 천사를 만나 예수가 살아났다는 말을 들었다는데 믿을 만한 것인가?
□ 이제 고향에 내려가면 무엇을 하며 살아야 하나?
□ 예수가 죽었다는 사실이 아직도 믿기지 않는다.
□ 예루살렘에 남아 있는 제자들은 과연 안전할 것인가?
□ 사랑하는 예수를 잃어버렸다는 상실감이 너무 크다.
□ 모든 것을 버려두고 예수를 추종했었는데, 허탈하다.
□ 기타(   )

2 그들이 대화할 때 예수가 슬며시 행인으로 합류합니다. 그러나 그들은 동행하는 사람이 예수인지 알지 못했습니다. 그들이 왜 예수를 알아보지 못했다고 생각하십니까?(16-17절)

3 글로바가 알고 있는 예수와 관련된 일은 무엇입니까? (18-24절)

4 당신이 지금까지 알고 있는 예수와 관련된 지식은 무엇입니까?

예수는 글로바와 그 친구에게 어리석다고 말하며, 자신이 왜 십자가 고난을 겪어야 하는지 구약 성경(모세와 예언자의 글)을 가지고 설명했다. 십자가 고난은 우연적인 사건이 아니라 메시아가 감당해야 할 필연적인 사건이었다. 글로바는 메시아가 오면 강력한 능력으로 로마의 군대를 진압하고 이스라엘 백성을 해방시킬 것을 기대했지만 그것은 잘못된 메시아관에서 비롯된 오해였다. 예수는 구약 성경을 여러 곳 인용하며 자세하게 설명을 해주었다. 성경에는 메시아에 대한 예언의 말씀이 많이 나와 있다. 대표적인 것만 살펴보면 아래와 같다.

메시아에 대하여	구약의 예언	성취된 말씀
태어날 장소 예언	BC 8세기 (미가 5:2)	베들레헴 (마태복음 2:1-6)
나귀 새끼를 타고 올 것	BC 6세기 (스가랴 9:9)	예루살렘 입성 (요한복음 12:14-16)
가까운 친구가 대적할 것	BC 10세기 (시편 41:9)	유다의 배신 (요한복음 13:18)
육체적 정신적 고통, 비방과 조롱, 겉옷을 나누고 속옷을 제비 뽑아 나눠 가짐	BC 10세기 (시편 22편)	십자가 고난 (요한복음 19:1-37)
죄인 취급을 받고 많은 사람의 죄를 대신 짊어짐	BC 7세기 (이사야 53:12)	죄인을 대속 (누가복음 23:34)
영광 중에 오실 인자	BC 6세기 (다니엘 7:13-14)	다시 오실 것 (요한계시록 1:7)

구약 성경을 꿰뚫는 통찰에 놀란 글로바와 친구는 예수에게 하룻밤 자기 집에 머물도록 권하였다. 저녁 식사를 대접하자, 예수는 제자들과 늘 하던 대로 떡을 가지고 축사하시고 떼어 그들에게 주셨다. 그들은 그제야 눈이 밝아져 예수인 것을 알아보았지만, 예수는 그들의 눈에서 사라지셨다.

5 부활하신 예수를 목격한 두 사람에게 어떤 변화가 일어났습니까?(32-35절)

	목격 이전	목격 이후
감정	슬픔	
행동	고향으로 돌아감	
믿음	여자들의 부활 증언을 믿지 못함	

부활하신 예수를 목격한 제자들의 변화는 일시적이지 않았다. 그들은 유대 종교 지도자들과 로마의 위협에도 불구하고 계속해서 부활하신 예수를 증거하였고, 예수가 그리스도라는 신앙 고백 하에 기독교를 창시하였다. 그뿐 아니라 예수의 부활을 목격한 제자들은 대부분 전도 활동을 벌이다 순교하였다. 무엇이 그들을 변하게 하였을까? 예수의 죽음 이후 상실감에 젖어 있었던 그들이 왜 갑자기 죽음도 두려워하지 않고 예수 부활을 증거했을까? 예수가 죽을 당시 자신들도 잡힐까 두려워 뿔뿔이 도망갔던 제자들이 어떻게 감옥에 갇히는 고생을 마다하지 않게 되었을까? 처음에는 예수가 부활했다는 소식을 믿기 어려워 고향으로 돌아갔던 글로바 일행이 왜 그 밤에 즉시로 예루살렘으로 돌아간 것일까?

6 아래 성경 말씀을 읽고, 예수 부활이 나에게 어떤 의미를 가지고 있는지 생각해 봅시다.

"그러나 이제 그리스도께서는 죽은 사람들 가운데서 살아나셔서, 잠든 사람들의 첫 열매가 되셨습니다. 한 사람으로 말미암아 죽음이 들어왔으니, 또 한 사람으로 말미암아 죽은 사람의 부활도 옵니다. 아담 안에서 모든 사람이 죽는 것과 같이, 그리스도 안에서 모든 사람이 살아나게 될 것입니다." (고린도전서 15장 20-22절)

7 글로바는 고향으로 내려가던 길에 부활한 예수를 목격하고 다시 예루살렘으로 돌아갔습니다. 당신은 어떤 선택을 하시겠습니까?

07

일곱 번째 이야기,
영접

+ 영상을 본 소감이 어떻습니까? 당신이 물질의 풍요보다 더 중요하게 생각하는 것은 무엇입니까?

It can buy a person but not SPIRIT.

It can buy a house but not HOME.

It can buy a bed but not SLEEP.

It can buy a clock but not TIME.

It can buy a book but not WISDOM.

It can buy a position but not RESPECT.

It can buy a medicine but not HEALTH.

It can buy a blood but not LIFE.

It can buy a sex but not LOVE.

It can buy a pleasure but not DELIGHT.

It can buy a food but not APPETITE.

It can buy a clothes but not BEAUTY.

It can buy a luxury but not CULTURE.

It can buy a articles goods but not PEACE.

It can buy a beauty but not STABILITY.

It can buy a funeral but not GLORIOUS DEATH.

It can buy a religion but not SALVATION.

: 피터 라이브스, 〈돈으로 살 수 없는 것들〉 중에서.

story 삭개오의 결단

오늘따라 더 거슬린다. 출근길, 매일 지나치며 보는 녀석이지만 오늘따라 더 마음이 불편하다. 오늘따라 더 높아 보인다. 바로 뽕나무다. 줄기를 호위하는 가지들도 더 위엄 있어 보인다. 아! 잎사귀의 우아한 녹색이란……. 그 밑을 지나는 키 작은 나, 주눅 들고 두리번거리며 나를 시중드는 종들—마치 무슨 죄라도 지은 양 부끄러워하면서!! 로마에서 어렵게 구해 걸치고 나온 초록의 비단은 왜 이리 촌스럽게 느껴지는지. 그래, 말하지 않아도 잘 알고 있다. 우리가 다른 것이 그저 모양새뿐이겠냐는 지적 말이다.

내 직업은 로마 제국의 세리, 즉 세금 징수원이다. 세금 걷는 일이란 예나 지금이나 사람들의 원망을 사기 쉬운 일이다. 더구나 식민지 백성으로서 지배국 로마를 대신해서 하는 일이니 나라를 팔아먹은 매국노라고 손가락질 받는 것은 당연할지도 모른다. 거기에 더해, 이방 사람인 로마인의 지시를 받아 하나님의 백성인 동족에게서 세금을 거둔다고 생각하면 나처럼 파렴치하고 비열한 존재가 어디 있을까? 매일 성문 앞에 자리를 잡고 사람들을 대하지만, 나를 모르는 사람뿐 아니라 내 친척들이며 어린 시절 동무들조차 내게 눈길 한번 주지 않는다. 혹시라도 내 심기를 건드려 불이익을 당할까 두려워 눈을 못 마주치는 까닭도 있겠지만 그것이 전부는 아니다. 사람들의 내려 깐 시선에서 나는 증오와 멸시를 충분히 읽을 수 있다. 그들은 나를 가리키며 더러운 매춘부라고 공공연히 비난한다. 그들은 내가 하나님의 선택받은 백성 이스라엘에서 영원히 추방당한 죄인이라고 단언하고 확신한다.

그럴테면 그러라지. 나를 무시하면 누가 더 손해인지 보여 주지. 나는 더 비정하게 세금을 거둔다. 그네들 사정을 잘 아는 만큼 더 많은 돈을 쥐어 짜낸다. 나를 냉대하는 이들의 등골이 오싹해지도록 싸늘한 기운을 내뿜어 준다. 그리고 화려한 저택에서, 호사스런 삶으로 이들을 조롱한다. 봐라! 이것이 너희들이 죄인이라고 손가락질하는 자의 삶이다! 이것이 바로 너희들이 난쟁이라고 조롱하고 비웃는 자의 삶이다. 나도, 네놈들의 비루한 삶을 마음껏 비웃어 주마! 너희 따위의 인정에 내가 목말라 할 줄 알았더냐!

핏발 선 눈으로 독한 말을 내뱉는 하루가 저물면 나는 넋이 나간 사람처럼 발코니에 널브러져 해 질 녘 거리를 내려다본다. 사람들은 하루의 고된 일과를 정리하고 저마다의 안식처로 돌아가고, 내게는 눈길조차 주지 않던 뽕나무가 마치 이들을 위로하고 축복하는 것처럼 무성한 황금빛 그늘을 사람들의 지친 어깨에 드리운다. 바람을 따라 출렁이며 사람들 위에 쏟아지는 황금빛은 내가 그들에게서 빼앗은 금화의 빛깔보다 더 아름답고 찬란하다. 그래, 또 그 녀석이다. 뽕나무……. 이 녀석은 옆구리에 박힌 가시처럼 내가 애써 잊으려는 기억을 자꾸 되살려 낸다.

내게 아직 동무들이 있었을 때, 내가 아직 이스라엘 공동체의 일원으로, 이름 그대로 삭개오였던 시절, (삭개오의 뜻은 '순결하고 맑음' 이다. 내가 태어나던 날 아버지는 신이 나서 온 동네 사람들과 함께 하나님의 이름으로 축복하며 '삭개오! 순결하고 맑구나' 외쳤겠지. 지금 생각해 보면 우스꽝스러운 일이다.) 동무들과 온종일 타고 놀던 바로 그 나무다. 아브라함! 다윗! 다니엘! 우리는 뽕나무 가지마다 자랑스러운 조상들의 이름을 붙이고 그 가지를 타고 올랐다. 그렇게 하면 저 높이 하늘의 하나님께 더 가까이 가는 것 같았다. 그러면 뽕나무의 가지가지는 마치 조상들의 굳센 어깨인 양 우리를 든든하게 받쳐 주었다. 마치 자신들이 경험한 하나님을 향해 더 높이 솟구쳐 오르라고 격려하는 것처럼 말이다. 그리고 마침내 우리가 오를 수 있는 가장 높은 가지를 딛고 섰을 때, 하나님은 어린 내가 땅 위에서는 볼 수 없었던 넓은 세상을 펼쳐 보이셨다. 온 세상을 축복하며 쏟아지는 석양의 황금빛 물결 한가운데, 내가 있는 그곳은 또한 하나님이 계신 곳이었다. 그게 정말 좋았다.

녀석은 변함없이 그곳에 서 있다. 어른이 된 나를 충분히 지탱할 수 있을 만큼 가지도 굵어졌고 잎도 훨씬 무성하다. 녀석은 내게 눈길 한번 주지 않는 것처럼 보이지만 어쩌면 오늘을 위해 성실하게 준비하고 있었을지도 모른다. 나에게 다시 한 번, 예전처럼 높이 올라 보라고 손을 내미는 것 같다. 과연 그럴 수 있을까?

누가복음 19장 1-10절(새번역)

1 예수께서 여리고에 들어가 지나가고 계셨다.
2 삭개오라고 하는 사람이 거기에 있었다. 그는 세관장이고, 부자였다.
3 삭개오는 예수가 어떤 사람인지를 보려고 애썼으나, 무리에게 가려서, 예수를 볼 수 없었다. 그가 키가 작기 때문이었다.
4 그래서 그는 예수를 보려고 앞서 달려가서, 뽕나무에 올라갔다. 예수께서 거기를 지나가실 것이기 때문이었다.
5 예수께서 그곳에 이르러서 쳐다보시고, 그에게 말씀하셨다. "삭개오야, 어서 내려오너라. 오늘은 내가 네 집에서 묵어야 하겠다."
6 그러자 삭개오는 얼른 내려와서, 기뻐하면서 예수를 모셔 들였다.
7 그런데 사람들이 이것을 보고서, 모두 수군거리며 말하였다. "그가 죄인의 집에 묵으러 고 들어갔다."
8 삭개오가 일어서서 주님께 말하였다. "주님, 보십시오. 내 소유의 절반을 가난한 사람들에게 주겠습니다. 또 내가 누구에게서 강제로 빼앗은 것이 있으면, 네 배로 하여 갚아 주겠습니다."
9 예수께서 그에게 말씀하셨다. "오늘 구원이 이 집에 이르렀다. 이 사람도 아브라함의 자손이다.
10 인자는 잃은 것을 찾아 구원하러 왔다."

talk 성경 속으로

1 성경은 삭개오에 대해 무엇이라 설명하고 있습니까?(2절) 또 이런 설명을 통해 유추해 볼 수 있는 것은 무엇입니까?

2 당신 이름의 뜻은 무엇입니까? 당신은 이름대로 살고 있습니까? 당신의 정체성을 잘 표현하는 이름은 무엇입니까?

3 삭개오에게는 예수를 보고자 하는 열망이 있었으나 그럴 수 없는 사정도 있었습니다. 삭개오의 사정은 무엇이었으며, 그것을 어떻게 극복했습니까?(3-4절)

4 이런 삭개오에 대한 예수의 반응은 어떠했습니까?(5절) 그때 예수의 표정을 상상해 보십시오.

어서 내려와서 집으로 인도해 달라는 예수의 부르심에 삭개오는 즉각적인 반응을 보였다. 사람들이 수군거리는 것에 아랑곳하지 않고 즐거운 마음으로 예수를 영접했다. 예수 역시 죄인과 어울려 다닌다는 비난을 아랑곳하지 않고 삭개오를 따라 그의 집으로 들어갔다. 집에서 어떤 대화가 오고 갔는지는 성경에 기록되어 있지 않다. 하지만 놀라운 일이 벌어셨다.

5 8절에는 삭개오의 놀라운 고백이 나옵니다. 그 고백의 내용은 무엇이며, 그가 이렇게 변화된 이유는 무엇인지 이야기해 봅시다.

6 자신을 영접한 삭개오에게 구원을 베푸신 예수는, 삭개오의 변화된 신분에 대해 무엇이라 덧붙이고 있습니까? 그리고 그 의미는 무엇입니까?(9절)

"보아라, 내가 문 밖에 서서, 문을 두드리고 있다. 누구든지 내 음성을 듣고 문을 열면, 나는 그에게로 들어가서 그와 함께 먹고, 그는 나와 함께 먹을 것이다." (요한계시록 3장 20절)

7 오늘도 예수는 잃어버린 자를 찾아오십니다. 당신은 예수를 알고자 하여 몇 주간에 걸쳐 성경을 공부했습니다. 이런 열망에도 불구하고 아직 예수를 영접하지 못했다면, 혹시 그러지 못한 사정이 있습니까? 열망과 사정 사이에서 당신의 최종 선택은 무엇입니까? 당신을 구원하기 위해 이곳에 찾아오신 예수는 삭개오를 향해 그랬듯이 지금 당신을 주목하고 계십니다. 그분은 당신의 이름도, 당신의 생각과 느낌도 이미 알고 계시는 하나님입니다. 그분이 당신을 정죄하지 않으시고 당신과 관계를 맺으려 하십니다. 이 초청에 응하시겠습니까? 삭개오처럼 망설이지 말고 지금 당신의 마음 중심에 모셔들이십시오. 당신을 아는 사람들이 당신의 결정을 이상하게 생각할 수도 있습니다. 그러나 용기를 내십시오. 예수가 지금 찾아오셨습니다.

7th
story,

08

여덟 번째 이야기,
계약

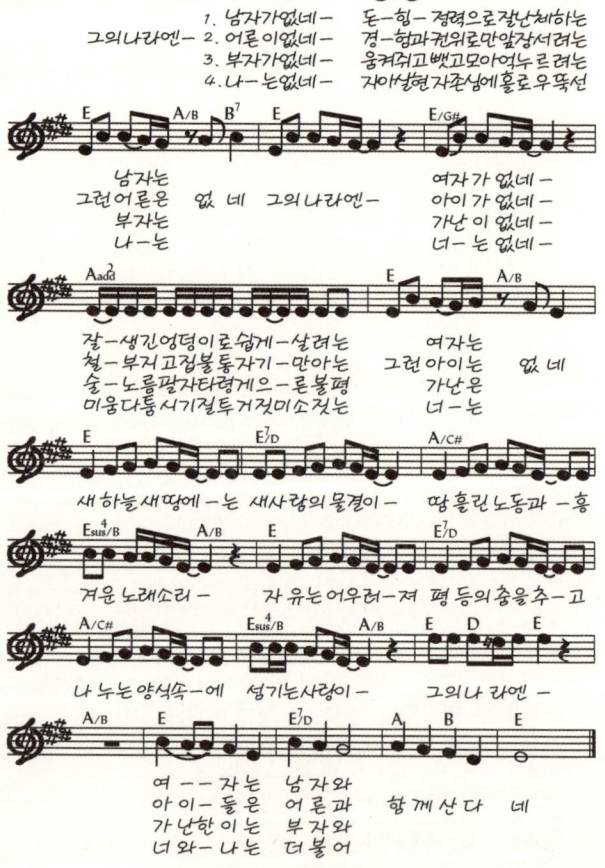

think

+ 하나님께서 다스리는 나라는 어떤 모습이겠습니까? 그의 나라에서 볼 수 있는 것과 없는 것을 상상해서 이야기해 보십시오.

story 하나님의 백성

불과 두 달 전의 일이다. 이집트를 떠나온 지 두 달. 하지만 내게는 몇 년은 지난 것처럼 느껴진다. 매일 반복되는 행군 때문만은 아니다. 놀랍도록 변함 없는 광야의 지루한 풍경 때문은 더더욱 아니다. 도무지 풀리지 않는 질문, '도대체 왜 하나님께서 이 모든 일을 행하셨는가?' 이 물음 때문이다.

내가 깨어 있는 한 순간도, 아니 심지어 고단한 하루 일정을 마치고 죽음처럼 깊은 잠에 빠져 있는 그 순간에도 난 이 질문에서 자유로울 수 없었다. 시간이 지날수록, 지열로 뿌연 아지랑이가 피어오르는 광야에서도 이 질문은 흐릿해지기는커녕 더 선명해지고 커져만 갔다. '왜 하나님은 이 모든 일을 행하셨는가?'

사실 이 질문은 이집트에서, 이 모든 일의 시작인 바로 그 사건이 일어날 때 물었어야 했다. 하지만 그 사건은 내 상상을 뛰어넘는 일이었다. 내 기대와 상식을 훨씬 초월해서, 정말 벼락처럼 다가온 일이었다. 나는 그저 감격하고 흥분해서, 연이어 벌어지는 모든 사건 앞에 눈을 크게 뜨고 서 있을 수밖에 없었다.

변명처럼 들릴지 모르겠다. 하지만 내 입장에서 한번 생각해 보라. 내 조상의 오랜 기도, '우리를 이 모든 압제에서 구원해 주십시오. 우리를 약속한 땅으로 데려가 주십시오.' 라고 사백 년 동안이나 빌어왔지만 도무지 응답될 기미가 보이지 않았던 그 화석 같은 기도가 어느 날 갑자기 응답된 것이다. 마치 우기 때 나일강의 둑이 무너져 밀려드는 강물에 속수무책으로 당하는 것처럼 이 모든 일을 말 그대로 '당한' 것이다. 모세라는 목동이 등장하고, 세상을 호령하는 초강대국 이집트를 해괴한 재앙이 연달아 강타하고, 집집마다 맏아들의 죽음을 슬퍼하는 곡소리가 들렸으며, 황급히 짐을 싸 들고 나온 우리 눈앞에서 바다가 갈라져 마른 땅을 걷듯 그곳을 지나왔고, 제국의 막강한 군대는 그 속으로 사라져 버렸다. 그야말로 우리는 손끝 하나 움직이지 않았는데, 마치 무엇엔가 몰리듯 자유인이 되어 버렸다. 물론 이 모든 일을 우리 조상의 하나님이 하셨다고 생각했다. 이 엄청난 사건들 앞에서 난 달리 생각할 여지가 없었다. 하지만 그분께서 '이 모든 일을 왜! 행하셨는지' 생각할 여유는 없었다.

'왜 하나님께서 태어날 때부터 노예인 나를 자유케 하셨는가?' '왜 하나님께서 우리를 억압하던 이집트를 한순간에 무너뜨리셨는가?' '왜 하나님께서는 소망을 잃고 하루하루 그저 생존만을 위해 바둥거리던 우리에게 꿈을, 내일을, 그리고 희망을 기억하게 하셨는가? 왜 우리로 하여금 이런 일로 가슴 설레 잠 못 들게 하셨는가?' '왜 나를 이 진창과 같은, 도저히 헤어날 수 없었던 운명의 굴레에서 구원하셨는가?' '왜 하나님께서는 나뿐만 아니라 내 가족을, 아니 우리 민족 전체를 해방시키시고 자유케 하셨는가?' '왜?!'

한마디 설명이라도 해주면 좋으련만 행군을 이끄는 모세는 이 의문에 답을 주지 않는다. 그저 묵묵히 우리를 이끌어 시내 광야 깊숙이 인도할 뿐이다. 나는 모세가 이 모든 마음고생을 알고 있다고 생각한다. 또한 이 모든 의문에 대한 답도 갖고 있다고 확신한다. 그의 표정을 보면, 나를 바라보는 그의 따뜻한 시선을 보면 알 수 있다. 실마리라도 주면 좋으련만. 하지만 그는 지난 두 달 동안 그랬던 것처럼 이런 내 간절함에 침묵으로 답한다. 마치, 그것은 자신이 답할 문제가 아니니, 조금 더 그 질문과 씨름하라고 말하는 것 같다.

좁은 계곡을 지나 모래 언덕을 넘으니 갑자기 시야가 넓어진다. 그 한가운데 거대한 산이 자리하고 있다. 석양의 노을빛을 받아 산은 온통 붉다. 마치 활활 타오르는 거대한 장작더미 같다. 사람들의 술렁임 속에 이 산의 이름을 들은 것 같다. '시내산이다······.'

신명기 7장 1-11, 17-21절(새번역)

1 "주 당신들의 하나님이, 당신들이 들어가 차지할 땅으로 당신들을 이끌어 들이시고, 당신들 앞에서 여러 민족 곧 당신들보다 강하고 수가 많은 일곱 민족인 헷 족과 기르가스 족과 아모리 족과 가나안 족과 브리스 족과 히위 족과 여부스 족을 다 쫓아 내실 것입니다.

2 주 당신들의 하나님은 그들을 당신들의 손에 넘겨 주셔서, 당신들이 그들을 치게 하실 것이니, 그때에 당신들은 그들을 전멸시켜야 합니다. 그들과 어떤 언약도 세우지 말고, 그들을 불쌍히 여기지도 마십시오.

3 그들과 혼인 관계를 맺어서도 안 됩니다. 당신들 딸을 그들의 아들과 결혼시키지 말고, 당신들 아들을 그들의 딸과 결혼시키지도 마십시오.

4 그렇게 했다가는 그들의 꾐에 빠져서, 당신들의 아들이 주님을 떠나 그들의 신들을 섬기게 될 것이며, 그렇게 되면 주님께서 진노하셔서, 곧바로 당신들을 멸하실 것입니다.

5 그러므로 당신들은 그들에게 이렇게 하여야 합니다. 그들의 제단을 허물고 석상을 부수고 아세라 목상을 찍고 우상들을 불사르십시오.

6 당신들은 주 당신들의 하나님의 거룩한 백성이요, 주 당신들의 하나님이 땅 위의 많은 백성 가운데서 선택하셔서, 자기의 보배로 삼으신 백성이기 때문입니다.

7 주님께서 당신들을 사랑하시고 택하신 것은, 당신들이 다른 민족들보다 수가 더 많아서가 아닙니다. 오히려 당신들은 모든 민족 가운데서 수가 가장 적은 민족입니다.

8 그런데도 주님께서는 당신들을 사랑하시기 때문에, 당신들 조상에게 맹세하신 그 약속을 지키시려고, 강한 손으로 당신들을 이집트 왕 바로의 손에서 건져 내시고, 그 종살이하던 집에서 이끌어 내어 주신 것입니다.

9 그러므로 당신들은 주 당신들의 하나님이 참 하나님이시며 신실하신 하나님이심을 알아야 합니다. 주님을 사랑하고 주님의 계명을 지키는 사람에게는, 천 대에 이르기까지 그의 언약을 지키시며, 또 한결같은 사랑을 베푸시는 신실하신 하나님이심을 알아야 합니다.

10 그러나 주님을 미워하는 사람에게는 당장에 벌을 내려서 그를 멸하십니다. 주님께서는 자기를 미워하는 사람에게는 징벌을 늦추지 아니하십니다.

11 그러므로 당신들은 오늘 내가 당신들에게 내리는 명령과 규례와 법도를 잘 지켜야 합니다."

… … …

17 당신들이 혼자 생각에 '그 민족들이 우리보다 많은데, 어떻게 우리가 그들을 쫓아낼 수 있겠는가?' 하고 걱정할 수도 있을 것입니다.

18 그러나 그들을 두려워하지 말고, 주 당신들의 하나님이 바로와 모든 이집트 사람에게 하신 일을 잘 기억하십시오.

19 주 당신들의 하나님은, 당신들이 당신들의 눈으로 본 대로, 큰 재앙과 표징과 기적을 일으키시며, 강한 손과 편 팔로 당신들을 이끌어 내셨습니다. 주 당신들의 하나님은, 지금 당신들이 두려워하는 모든 민족에게도 그와 같이 하실 것입니다.

20 또한 주 당신들의 하나님은 말벌을 그들 가운데로 보내시어, 아직 살아 남은 사람들과 당신들을 피하여 숨어 있는 사람들까지도 멸하실 것입니다.

21 당신들은 그들을 두려워하지 마십시오. 당신들 가운데 계신 주 당신들의 하나님은 진정으로 두렵고 위대한 하나님이십니다.

💬 성경 속으로

1 이스라엘 백성을 고달픈 노예 생활에서 해방시켜 주신 하나님이 그들을 불러 시내산에서 계약을 맺자고 했을 때 이스라엘 백성의 감정이 어땠을지 상상해 보십시오.

☐ 감격 ☐ 기대 ☐ 두려움
☐ 불안감 ☐ 결의에 참 ☐ 아쉬움
☐ 충성심 ☐ 우울 ☐ 평안
☐ 기타( )

2 계약의 내용은 무엇입니까?(1,6절)

3 이스라엘이 하나님의 백성이 된 조건은 무엇입니까? (7-8절)

4 이스라엘 백성과 계약을 맺으시는 하나님은 어떤 분이십니까?(9-10,19-21절)

.고대 근동 지역에서 이루어졌던 계약 종류 중 하나가 종주권 계약이다. 이 계약은 주로 속국 또는 속국의 왕들이 제국이나 그 제국의 왕에게 충성을 맹세하고 그 대가로 보호를 받는 것이었다. 그 당시 사용되었던 종주권 계약의 일반적인 형식은 아래와 같다.
① 종주권자의 권위나 신분이 제시되는 전문(前文)
② 종주권자의 역사, 특히 종속자를 위해 베풀어 온 구원의 역사 서술
③ 규약: 종속자의 의무 조항   ④ 계약 내용의 보관과 공개 낭독
⑤ 증인 명단(주로 신의 이름)   ⑥ 축복과 저주

신명기에 나타난 하나님과 이스라엘 백성 사이에 맺은 언약을 당시의 종주권 계약과 비교해 보면 정확하게 일치하지는 않지만 유사한 형식을 띠고 있는 것을 알 수 있다.
① 종주권자는 위대하신 하나님이시다.
② 종주권자는 이집트 왕 바로의 압제로부터 종속자 이스라엘 백성들을 구원하여 가나안 땅으로 인도하신다.
③ 계약: "나는 너희의 하나님이 되고 너희는 나의 백성이 된다." 따라서 이스라엘 백성은 다른 신을 섬기지 않고 오직 하나님만을 섬겨야 한다.
④ 이스라엘 백성은 이 계약을 손목과 미간과 문 등에 기록하여 두고 자녀들에게 가르쳐야 한다(신명기 6장 1-9절).
⑤ 이스라엘 백성은 유일하신 참 하나님을 믿으므로 증인으로서 다른 신의 목록은 생략되었다.
⑥ 이 계약을 잘 지키면 축복을 받고 어기면 저주를 받는다.

5 왜 하나님은 가나안 땅에 살고 있는 민족을 내쫓으라고 명령하셨습니까?(1-4절)

6 하나님의 백성은 어떻게 살아야 합니까?(5, 9, 11, 21절)

하나님과 계약을 체결함으로써 하나님의 백성이 된다는 것은 하나님의 주권 아래, 다시 말해 통치권 아래 들어가는 것을 의미한다. 이제 하나님이 우리를 다스리신다. 우리는 하나님 아닌 다른 권세의 통치를 거부할 수 있으며 거부해야 한다. 또한, 우리가 하나님 백성이 된다는 것은 하나님이 정해 놓으신 법도대로 사는 것을 의미한다. 이제 우리는 세상의 법도와 가치를 따르지 않고 정의롭고 인자한 하나님의 법도와 가치를 따라야 한다. 이를 위해 배우고 실천하는 노력이 필요하다. 마지막으로, 하나님 백성이 된다는 것은 하나님 백성에 속한다는 의미이다. 우리가 각자 개인으로서 하나님과만 교제하는 것이 아니라 하나님의 백성이라는 공동체에 속하여 서로 교제하며 함께 하나님께 나아가는 것이다. 이것은 그리스도를 영접한 사람이 교회나 신앙 공동체에 소속된다는 의미이다. 그 누구도 공동체에 속하지 않고 혼자서 하나님의 백성이 될 수는 없다.

"그러나 여러분은 택하심을 받은 족속이요, 왕과 같은 제사장들이요, 거룩한 민족이요, 하나님의 소유가 된 백성입니다. 그래서 여러분을 어둠에서 불러내어 자기의 놀라운 빛 가운데로 인도하신 분의 업적을, 여러분이 선포하는 것입니다. 여러분이 전에는 하나님의 백성이 아니었으나, 지금은 하나님의 백성이요, 전에는 자비를 입지 못한 사람이었으나, 지금은 자비를 입은 사람입니다." (베드로전서 2장 9-10절)

7 당신이 하나님과 맺은 언약에 대해 정리해 보십시오.

내가 복음 앞에 서는 기회, 복음 수양회

누구든 교회를 지속적으로 다니려고 할 때 혹은 기독교에 대해 호감을 느껴 그리스도인이 되고자 할 때, 반드시 거쳐야 하는 과정이 '복음'을 듣고 전 인격으로, 즉 지적·정서적·의지적으로 믿음의 고백을 하는 과정이다. 이것은 기독교 신앙을 처음 접하는 사람만의 과제는 아니다. 모태 신앙 혹은 믿는 가정에서 어려서부터 신앙생활을 해 온 사람이라 하더라도 마찬가지다. '복음'을 통한 구원이란, 단순히 성경 지식을 알고 동의하는 것이 아니라 영적 직면에 대한 정직한 '반응'을 거쳐야 하는 문제기 때문이다.

오늘날 교회와 기독교인은 많지만 정작 '복음' 자체를 들을 기회는 많지 않다. 복음을 분명히 듣고도 거절하는 사람은 어쩔 수 없다 해도, 한 번도 '복음'을 제대로 들어 본 적이 없어서 하나님이 우리에게 물으시는 엄중한 질문 앞에 대답을 고민할 기회조차 갖지 못한 사람이 이 땅의 교회와 기독교 단체, 기독교인의 수에 비해 너무 많다면, 하나님 앞에 부끄러운 일이다.

죠이선교회는 청년·대학생에게 '복음에 대한 인격적인 반응'을 이끌어 내기 위하여, 이 교재와 교재에 연결된 프로그램을 기획하였다.《예수, 이야기》는 예수를 만난 성경 속 인물들이 어떻게 변화되었는지 체계적으로 살핌으로써 예수 그리스도와 복음에 대해 마음을 여는 과정이다. 이후 〈복음 수양회〉를 통해 복음의 교리를 집중적으로 이해하고, '복음'의 본질적인 질문에 대한 반응으로서 자신의 입장을 반드시 결정하도록 안내한다. 소그룹으로 또는 일 대 일로 이 교재를 가지고 공부했다면 매 학기와 방학 기간에 각 1회 이상 열리는 복음 수양회에 참석할 것을 권한다. 우리는 이 방법이, 복음의 살아 있는 능력을 증거하면서도 청년·대학생들을 복음에 직면하게 하는 효과적인 방법이라는 사실을 수년간의 경험을 통해서 확인했다.

복음에 반응하여 그리스도를 영접한 사람, 곧 그리스도인은 누구나 예수의 제자로 부름받는다. 《예수, 이야기》와 〈복음 수양회〉는 죠이선교회가 제자 훈련 교재를 새롭게 통합하면서, 제자 훈련에 입문하는 첫 단계로 마련한 과정이다. 이후 출간될 다음 단계들도 전 인격으로 차근차근 밟아 나간다면 훈련된 제자로서 더욱 온전한 삶을 배우고 익혀 나갈 수 있을 것이며 또한 다른 사람을 그리스도께 인도할 수 있을 것이다.

복음 수양회에 관한 구체적 일정은 죠이선교회 홈페이지를 통해 공지될 예정이다.
(http://www.joymission.org | 문의 : 김수억 간사 hunmill@gmail.com)

예수, 이야기

초판 발행	2013년 9월 10일
초판 5쇄	2023년 2월 15일
발행인	손창남
발행처	(주)죠이북스(등록 2022. 12. 27. 제2022-000070호)
주소	02576 서울시 동대문구 왕산로19길 33, 1층
전화	(02) 925-0451 (출판부)
	(02) 929-3655 (영업팀)
팩스	(02) 923-3016
인쇄소	시난기획
판권소유	ⓒ(주)죠이북스
ISBN	979-11-981996-0-7 03230

책값은 뒤표지에 있습니다.
잘못된 도서는 교환하여 드립니다.
이 책 내용을 허락 없이 옮겨 사용할 수 없습니다.